TIGER IM TANK

Ernest Dichter
Ein Österreicher als Werbeguru

Herausgeber und Autoren

Franz Kreuzer
Gerd Prechtl
Christoph Steiner

Weitere Autoren

Thomas Cudlik
Christian Mikunda
Peter Scheer
Patrick Schierholz
Paul Watzlawick

> **Die Deutsche Bibliothek –**
> **CIP-Einheitsaufnahme**
>
> Ein Titeldatensatz für diese Publikation ist
> bei der Deutschen Bibliothek erhältlich.

Gedruckt mit Förderung des Bundesministeriums für
Bildung, Wissenschaft und Kultur in Wien

und der Stadt Wien

Copyright by MANZ Verlag, Wien 2002

Alle Rechte, insbesondere das Recht der Vervielfältigung und Verbreitung sowie der Übersetzung, vorbehalten. Kein Teil des Werkes darf in irgendeiner Form (durch Photokopie, Mikrofilm oder ein anderes Verfahren) ohne schriftliche Genehmigung des Verlages reproduziert oder unter Verwendung elektronischer Systeme gespeichert, verarbeitet, vervielfältigt oder verbreitet werden.

Verwendung des Interviews mit Ernest Dichter (1984)
mit freundlicher Genehmigung des ORF.

© 2002 MANZsche Verlags- und Universitätsbuchhandlung GmbH
1010 Wien, Johannesgasse 23
Telefon: (01) 531 61-0
E-Mail: verlag@MANZ.at
Internet: www.MANZ.at

Datenkonvertierung und Satzherstellung: horn grafik design, 1070 Wien
Umschlaggestaltung: Rudi Aigelsreiter, 1030 Wien
Druck: MANZ CROSSMEDIA, 1051 Wien

Gewidmet

Hedy Dichter,

weil sie für das Werk ihres Mannes lebt.

Inhaltsverzeichnis

Die Autoren _____ *7*

ANSTOSS – Ernest Dichter, ein Mann aus Wien
Gerd Prechtl _____ *11*

„Die Dinge haben eine Seele" (Ernest Dichter)

Der heimliche Freudianer
Ernest Dichter als Zeuge seines Werkes
Franz Kreuzer im Gespräch mit Ernest Dichter _____ *19*

„Rabbi Ernest": Der Stratege im Reich der Wünsche
Ein Portrait
Thomas Cudlik / Christoph Steiner _____ *45*

Die Lebensuhr
Erinnerung eines Freundes
Peter Scheer _____ *85*

„Ich glaube, es gab etwas in meiner Persönlichkeit, das ihm die Kraft gegeben hat ..." (Hedy Dichter)

Ein Leben mit Ernest –
Episoden eines jüdischen Emigrantenschicksals zwischen
Hoffnung und Erfüllung
Hedy Dichter aus Gesprächen mit Gerd Prechtl _____ *97*

„Der Köder muss dem Fisch schmecken, nicht dem Angler" (Helmut Thoma)

Dichter lebt – Motivforschung und Werbung heute
Franz Kreuzer im Gespräch ... _____ *109*

Unheimlich gute Verführer
Patrick Schierholz
Ernest Dichter aus heutiger Werbesicht – zu seinen bleibenden
Leistungen als Motivforscher und Werbewissenschafter,
zur Aktualität seiner Erkenntnisse und Strategien,
zur Kritik an den Werbern damals und heute. _____ 109

Brain-Script/Brain-Spot
Christian Mikunda
Publikumsaktivierung durch (tiefen-)psychologische Inszenierung
kommerzieller und politischer Kommunikation –
eine aktuelle Parallele zu Ernest Dichters
psychologischem Motivationsdenken. _____ 127

Win-Win/Lose-Lose
Paul Watzlawick
Assoziative Aphorismen zu Konstruktivismus,
Kommunikation und Werbung. _____ 139

AUSKLANG – „Das Österreich, von dem ich träume"
Gerd Prechtl _____ 147

Anmerkungen _____ 151
Auswahlbibliographie _____ 159
Personenverzeichnis _____ 161
Stichwortverzeichnis _____ 163

Die Autoren

Thomas Cudlik
Geboren 1967 in Wien, Mag. phil. (Kommunikationswissenschaft). 1987–93 Assistent für Musik- und Showproduktionen (national und international), 1993/94 PR-Assistent und Texter, seit 1994 freier PR-Texter und Ghostwriter. Diplomarbeit: *Ernest Dichter, Depth Boy – Motivation als Imperativ der Informationsgesellschaft; eine Systematisierung von Theorie und Praxis des „Vaters der Motivforschung" mit einer Einschätzung seiner aktuellen Praxisrelevanz* (Wien, 1999).

Hedy Dichter
Geboren 16. August 1911, Konzertpianistin, Witwe Ernest Dichters.

Franz Kreuzer
Geboren 1929 in Wien, seit seiner Matura Journalist, 20 Jahre bei der Wiener *Arbeiter-Zeitung,* 1962–67 Chefredakteur, 1967–74 Chefredakteur des Aktuellen Dienstes im ORF, 1974–78 Intendant des Zweiten Österreichischen Fernsehprogramms, ab 1978 wieder Chefredakteur im ORF, danach besonders engagiert im Wissenschaftsjournalismus, insbesondere als Interviewer in der Sendung *Nachtstudio,* in der er Gespräche mit den großen österreichischen Wissenschaftern der Generation vor dem Ersten Weltkrieg führte. Dafür erhielt er von der Zeitschrift *HörZu* die „Goldene Kamera", Auszeichnung mit dem Professorentitel. 1985–87 Bundesminister für Gesundheit und Umweltschutz, bis heute arbeitet er als freier Autor und Journalist.

Christian Mikunda
Geboren 1957 in Wien, Dr. phil. (Theaterwissenschaft). Mediendramaturg in Wien, leitet Seminare über Werbung und Marketing-Dramaturgie, trainiert Mitarbeiter von Fernsehanstalten und lehrt an Universitäten und Hochschulen. Dramaturgischer Berater verschiedener Industrieunternehmen, Museen und Werbeagenturen; Gründer der Comment Consulting Group. Veröffentlichungen u. a.: *Kino spüren* (1986), *Der verbotene Ort oder Die inszenierte Verführung* (1996).

Gerd Prechtl
Geboren 1943, Dr. phil., Studium in Wien: Philosophie, Psychologie und Jura. Ausbildung in Gruppendynamik und Sozialpsychologie im Berkley Institute of California und den National Training Laboratories in den USA; Psychotherapie-

studium in Wien (bei Erwin Ringel). Neben seiner Tätigkeit als Moderator und Journalist beim ORF Lehraufträge an Universitäten und Akademien in Österreich, Deutschland, der Schweiz und in Afrika. Seit 1979 ist er Geschäftsführer der Unternehmensberatung Bartberg GmbH, seit 1990 Vorsitzender der Unternehmensberater in der Wirtschaftskammer Österreich und seit 2001 Vice-Chairman des International Council of Management Consulting Institutes (ICMCI). In seiner Arbeit als Unternehmensberater beschäftigt sich Prechtl auch intensiv mit dem motivatorischen Ansatz Ernest Dichters, den er seit 1981 persönlich kannte.

Peter Scheer

Geboren 1951, Univ.-Prof., Dr. med., Facharzt für Kinder- und Jugendheilkunde, Diplomarzt für psychosoziale, psychosomatische und psychotherapeutische Medizin, Lehrtherapeut der Österreichischen Ärztekammer, Psychotherapeut (IP), derzeit an der Univ.-Klinik für Kinder- und Jugendheilkunde und an der Wirtschaftsuniversität Wien tätig, Managementtrainer, Gutachter, langjähriger Freund und österreichischer Arzt Ernest Dichters, der ihn immer dazu bewegen wollte, der österreichischen Enge zu entfliehen um den Preis des Heimwehs, das Ernest selbst empfand.

Patrick Schierholz

Geboren 1948 in Detmold, BRD. Werbefotograf, Werbetexter, kam über London und Zürich Mitte 1970 nach Wien. Arbeitete als Texter und Creative Director in großen Agenturen, machte sich selbstständig, schrieb neben Werbung auch für Magazine und entwarf Radiosendungen für den ORF, die er auch moderierte. In den 80er-Jahren Geschäftsführer der GGK Wien, Anfang der Neunziger gründete er eine eigene Werbeagentur. Heute ist er Mitinhaber der Werbeagentur Schierholz, Saxer SSX.

Christoph Steiner

Geboren 1962 in Wien, Dr. theol., Wissenschaftlicher Bibliothekar an der Österreichischen Nationalbibliothek. Durch den Hochschullehrgang für Markt- und Meinungsforschung am Institut für Publizistik und Kommunikationswissenschaft der Universität Wien (1997) Kontakt mit dem Werk Ernest Dichters, mit dem er sich seither intensiv beschäftigt. Ernest Dichter als Pragmatiker und Motivforschung als angewandte Philosophie sind die inhaltlichen Klammern, die sich sowohl dem Theologen als auch dem philosophischen Anthropologen als interessanter Ansatz bieten. Dichters Plädoyer, die großen Fragen zu stellen, lässt ihn über die Bedürfnisse des Moments in einem größeren Zusammenhang stehen. Steiner ist Autor der Arbeit: *Motivforschung – Ernest Dichter: Theorie und Person.* Wien, 1997.

Paul Watzlawick
Geboren 1921 in Villach, Dr.phil. (Philologie und Philosophie). 1950–54 C. G. Jung-Institut für Analytische Psychologie, Zürich, Analytikerdiplom. 1957–60 Inhaber des Lehrstuhls für Psychotherapie, Universität von El Salvador, San Salvador. Seit Ende 1960 Forschungsbeauftragter am Mental Research Institute, Palo Alto, Kalifornien, und seit 1976 auch Clinical Associate Professor, Abteilung für Psychiatrie und Verhaltenswissenschaften, Stanford University. Veröffentlichungen u. a.: *Wie wirklich ist die Wirklichkeit?* (1976), *Anleitung zum Unglücklichsein* (1983), *Vom Schlechten des Guten* (1986); *Die erfundene Wirklichkeit* (1981, Hrsg.); *Einführung in den Konstruktivismus* (1985, Mithrsg.).

E. Dichter   1951

ANSTOSS

Ernest Dichter, ein Mann aus Wien

Gerd Prechtl

„Auch wenn sie noch so zittern und schaudern im Leben, die Leute interessiert doch vor allem wie eine Geschichte ausgegangen ist und was dahinter steckt. Deshalb frage ich, warum beginnen wir eigentlich nicht gleich mit dem Ende der story, also mit dem Schluss?"

So ähnlich hätte wohl Ernest Dichter reagiert, wenn wir ihn gefragt hätten, was wir im Vorwort eines Buches über ihn schreiben sollten.
Nun, warum nicht mit dem Schluss der Geschichte beginnen?
Doch was ist der Schluss, das Ende? Sein Tod im November des Jahres 1991? Ist oder war das wirklich das Ende?

Die Frage: Wer war *Ernest Dichter?* Welche Bedeutung hat er heute für uns und was lebt – auch Jahre nachdem er von uns gegangen ist – immer noch weiter, gibt es überhaupt einen Schluss, ein Ende für das, was er alles angestoßen und aufgetan hat, auch wenn wir meist längst nicht mehr wissen, wer dahinter steckt?

Jeden von uns geht das an, jeder beschäftigt sich irgendwann mit diesen Fragen, „Was hat mich alles beeinflusst, was gebe ich weiter, was bleibt von mir und meinen Gedanken?"

Dieses Buch will unter anderem auch zeigen, dass wir gerade erst am Anfang stehen, am Anfang einer Gesellschaft, die sich – spät, aber doch – immer öfter die Frage stellt „warum eigentlich" oder „warum eigentlich nicht" und „was steckt denn nun wirklich dahinter?".

Alles Fragen, die erst möglich wurden, als das „Du musst" einer fast ausschließlich auf Sicherung von Herrschaftsansprüchen ausgerichteten Gesellschaft nach und nach in den Hintergrund trat. Fragen, die eine Gesellschaft zu bewegen begannen, die in den ersten Dezennien des 20. Jahrhunderts gewaltig gärte, die die großen Fragen ihrer Zeit zum Teil mit Gewalt lösen wollte, die aber gleichzeitig auch begann, nach Hintergründen und Zusammenhängen zu suchen und zu fragen.

Wer kennt sie nicht, die bohrenden Fragen der Kinder: „Papa, warum ist eigentlich das Wasser nass?", „Warum dreht sich das Rad?" oder „Warum müssen wir sterben"?

Irgendwann hören wir dann auf, „so blöde" Fragen zu stellen. Verstrickt in einem Dickicht aus veröffentlichter Meinung, Konsum und Hetzjagd sind wir zwar mit mehr Fragen denn je zuvor konfrontiert, aber wir stellen sie nicht mehr – oftmals aus Angst vor den Hintergründen und Zusammenhängen die wir entdecken könnten.

Ernest Dichter war einer, der nie aufgehört hatte zu fragen, der sich mit der unendlichen Vielfalt der Hintergründe und Motive immer wieder auseinander setzte. Ausgehend von den Gedanken und Fragen eines Sigmund Freud und der Wiener Schule der Psychoanalyse, geprägt von den Ansätzen eines Moritz Schlick und des Wiener Kreises der 30er-Jahre mit seiner allgemeinen Erkenntnislehre und angeregt von Paul Lazarsfeld mit seiner Methodenlehre zur empirischen Sozialforschung, war er einer von jenen Menschen, die die Auseinandersetzung mit den Problemen, die uns betreffen, zum Prinzip ihres Lebens gemacht haben.

Die Analyse der bestimmenden Motive, warum jemand etwas kauft oder warum nicht, haben *Dichter* zwar berühmt und wohlhabend gemacht. Diese Arbeit ist jedoch nur der am deutlichsten sichtbare Teil seines Wesens, der vor allem durch Vance Packard mit seinem Buch „Die geheimen Verführer" im Jahre 1957 dämonisiert wurde.

Ernest Dichter wurde durch diese Auseinandersetzung schlagartig weltberühmt.

Packard hatte mit seinen Angriffen auf den erfolgreichen *Dichter* als einen der *„hidden persuaders"* auch den Kern des Problems völlig verfehlt, weil er offenbar die Denkweise Dichters nie wirklich verstanden hatte.
Die von Packard geäußerten Vorwürfe funktionierten nach einem uralten Muster: nicht eine Tatsache wird als Problem gesehen und allenfalls behandelt, sondern es wird derjenige verurteilt, der darüber spricht. Der Angreifer *Dichters* begeht aber noch einen zweiten fundamentalen Fehler: es ist nämlich niemals der Hammer gut oder böse, sondern immer nur der, der damit entweder Nägel oder Köpfe einschlägt.

Aber so ist ja meist mit neuen Erkenntnissen umgegangen worden, wenn sie nicht in bestimmte Vorstellungen gepasst haben.
Der schwerste Fehler aber unterläuft Packard dadurch, dass er offenbar nur die eine Seite der Medaille sieht: er schreibt sein Buch in der Intention des Widerstan-

des – die in den Büchern *Ernest Dichters* publizierte Beschreibung der Methode der „Verführung" eröffnet ja erst die Möglichkeit zum gezielten Widerstand!

Was aber wesentlich ist an *Ernest Dichter,* wodurch er in vielen unserer Denk- und Handlungsweisen weiterlebt, ist etwas, das weit über seine kommerzielle Tätigkeit hinausgeht. Es ist nicht die berühmt gewordene Frage „warum nicht", es ist nicht die Erfindung des Begriffes „Image" und es ist auch nicht jener bis heute bekannte Slogan der Ölgesellschaft Esso „Tu den Tiger in den Tank."

Es ist eine Art und Weise des Denkens, die zu einem Problem oder einer Herausforderung zunächst eine Vision entwickelt. Aufbauend auf den Widerspruch zwischen dem Problem und der Vision entfacht *Dichter* einen Prozess der Auseinandersetzung. Dieser Prozess eröffnet neue Wege, die zu einer neuen Sichtweise führen, aus der sich neue Lösungen ergeben.

Dichter folgt damit nicht nur den Grundregeln aristotelischer Philosophie oder den Dialogen des Plato, sondern er bewegt sich mit seiner Denke ebenso auf dem Feld der Erkenntnisse Sigmund Freuds und der Psychoanalyse. Thomas Mann hatte dazu (sc. zu Freud) einmal gesagt: „In seinem Lebenswerk wird man einmal einen der wichtigsten Bausteine erkennen, die beigetragen worden sind zu einer heute auf vielfache Weise sich bildenden neuen Anthropologie und damit zum Fundament der Zukunft, dem Haus einer klügeren und freieren Menschheit."

Vor diesem Hintergrund ist die Entwicklung *Ernest Dichters,* auch später noch, wesentlich enger mit dem soziokulturellen Milieu in Wien zu Beginn des 20. Jahrhunderts verbunden. Der Zusammenbruch der Monarchie, die Suche nach neuen Wegen, ein äußerst aktives jüdisches Intellektuellentum mit brillanten Persönlichkeiten sowie die zaghafte Enttabuisierung von Sexualität und Gefühlen prägten das Denken *Dichters* auf entscheidende Weise. In dieser Zeit wird das kausal naturwissenschaftliche Denken allmählich abgelöst von einer ganzheitlichen Betrachtungsweise der Probleme und Zusammenhänge. An die Stelle der triebbestimmten Psyche tritt die Wahrnehmung des Individuums als aktiv handelndes Subjekt.

Später, als *Dichter* in Amerika arbeitet, sind es mehrere, die dieses Denken und damit auch Elemente des Milieus aus dem Wien der Jahrhundertwende in die USA gebracht haben und die von dort aus mit ihren Arbeiten und Ideen der Welt neue Impulse gaben.

Peter Drucker, Paul Lazarsfeld, Bruno Bettelheim, Paul Watzlawick, Rudolf Ekstein und *Ernest Dichter* waren neben Künstlern und Hollywood-Größen wie

Otto Preminger, Billy Wilder und anderen jene Persönlichkeiten, die, nachdem sie wegen ihrer jüdischen Herkunft Österreich verlassen hatten oder mussten, mit ihren Denk- und Arbeitsweisen von Amerika aus nach der niedergegangenen Monarchie neue Gebiete eroberten. Diesmal aber nicht kriegerisch und mit Ansprüchen auf bedingungslose Herrschaft, sondern im Wettbewerb der Ideen auf demokratischer Basis.

In der Wissenschaft, bei Kreativen und mit der Entwicklung von demokratischen Ansätzen in den Betrieben, findet eine Auseinandersetzung in ähnlicher Form durchaus statt, doch es fehlt ihr die notwendige Breite, gesellschaftlich betrachtet stehen wir damit erst am Anfang.

In tausend Jahren noch werden die Menschen fragen: „Was steckt dahinter und wie geht es weiter," Fragen, die in früheren Zeiten Pythia oder anderen Hellsehern gestellt wurden. *Ernest Dichter* war dafür nicht zu haben, aber er war mitbestimmend für eine neue analytische Denkweise, die in Sigmund Freuds „Unbehagen in der Kultur" folgendermaßen beschrieben wird:

„Die analytische Einsicht ist weltverändernd; ein heiterer Argwohn ist mit ihr in die Welt gesetzt, ein entlarvender Verdacht, die Verstecktheiten und Machenschaften der Seele betreffend, welcher, einmal geweckt, nie wieder daraus verschwinden kann.

Er infiltriert das Leben, untergräbt seine rohe Naivität, nimmt ihm das Pathos der Unwissenheit, betreibt seine Entpathetisierung, indem er zum Geschmack am *understatement* erzieht, wie die Engländer sagen, zum lieber untertreibenden als übertreibenden Ausdruck, zur Kultur des mittleren, unaufgeblasenen Wortes, das seine Kraft im Mäßigen sucht … Bescheidenheit – vergessen wir nicht, dass sie von **Bescheid-wissen** kommt, dass ursprünglich das Wort diesen Sinn führte und erst über ihn den zweiten von modestia, moderatio angenommen hat. Bescheidenheit aus Bescheid wissen – nehmen wir an, dass das die Grundstimmung der heiteren ernüchterten Friedenswelt sein wird, die mit herbeizuführen die Wissenschaft vom Unbewussten berufen sein mag."

Diese Sequenz beschreibt treffend die Einstellung *Dichters* und den Sinn dessen, was er tat, so nebenbei sollte er auch seine Kritiker nachdenklich machen.

Der Tod des Denkers war also keineswegs ein Ende. Er war aber ein „Anstoß," er war jener gleitende Übergang, der erst das „ewige Leben" für ihn und sein Lebenswerk ermöglichte. Ein Leben in Gedanken Worten und Werken, das uns unsichtbar, unaufdringlich, aber doch, auch in Zukunft begleiten wird.

Aber wie ist das Ende der Geschichte? Das war es doch, was *Ernest Dichter* von uns wissen wollte.

Das Ende ist gar nichts – „La morte e nulla" – sagt Jago im Othello.

Ernest Dichter wäre da sicher anderer Meinung, da er immer davon ausging, dass alles, was wir tun und denken und wir dann darüber reden, auch Folgen für andere hat.

Heute leben wir in einer Welt, in der das Geld zur Wirklichkeit schlechthin erhoben wird, in der Werbeagenturen, Slogans und Luxusgüter den Ton angeben. *Ernest Dichter* hat mit seinen Prinzipien der Motivforschung einerseits Wege dazu aufgezeigt, wie Produkte besser an ihr Ziel gelangen, er hat uns aber damit zugleich auch verraten, wie und warum wir uns anders entscheiden können. Dies ist ein entscheidender Beitrag zu mehr Wahlfreiheit im Sinne gelebter Demokratie, die auch in dem folgenden Buch näher untersucht und auf die Relevanz für unsere heutigen Denk- und Entscheidungsmechanismen überprüft werden soll.

„Die Dinge haben eine Seele"
Ernest Dichter, Strategie im Reich der Wünsche

Der heimliche Freudianer

Ernest Dichter als Zeuge seines Werkes

Franz Kreuzer im Gespräch mit Ernest Dichter
(ORF-Nachtstudio, 1981)

Kreuzer: Herr Doktor Dichter, Sie nennen Ihre Autobiographie *Motivforschung – mein Leben*. Ist daraus zu schließen, dass Sie Ihr ganzes Leben, also schon als Kind, ein wenig Motivforscher waren oder geahnt haben, es einmal zu sein? Und – um den Untertitel Ihres Buches zu zitieren: *Autobiographie eines kreativ Unzufriedenen* – waren Sie schon immer kreativ unzufrieden?

Dichter: Ich war immer schon unzufrieden, ich wollte immer mehr erreichen. Man kann das natürlich wissenschaftlich erklären: Ich war der Älteste, mein Vater war in ziemlich jungen Jahren gestorben, ich musste die Familie erhalten. Dann noch, was vielleicht etwas komisch klingt: Ich hatte rote Haare. Ich sage das immer den Amerikanern: in Amerika hätte das nicht das geringste Problem geschaffen. In Wien aber war ich immer der einzige Rothaarige in der Klasse …

Kreuzer: Sie entstammen – ich entnehme Ihrer Biographie, dass das problematisch war – einer jüdischen Familie. Und rote Haare dazu.

Dichter: Ja. Und rote Haare dazu.

Kreuzer: Wie Sammy Davis jr. sagt: „I am a one-eyed jewish nigger".

Dichter: Ja, in einem gewissen Sinne war das so. Es gab dann diese Fragen: „Bist du in Paradeissauce gefallen?" – und Ähnliches. Das Jüdische hat mich eigentlich weniger gestört. Die Hälfte der Klasse waren Juden – aber ich war der einzige, der rote Haare hatte. Und da habe ich mir eingebildet, kein Mädchen wird mich je wollen. Da habe ich mir die Haare gefärbt. Was natürlich furchtbar ausgesehen hat, da die roten Haare nachgewachsen sind.

Kreuzer: Jetzt abgesehen von diesem Problem: Sie haben auch wirklich Not gelitten in Ihrer Kindheit. Sie sind 1907 geboren, das heißt, Sie sind als Kind in den Ersten Weltkrieg hineingeraten. Wirklicher Hunger, Hamstern. Sie schildern das in Ihrem Buch.

Dichter: Ja, wir sind mit unserer Mutter aufs Land hinausgefahren, um etwas zum Essen aufzutreiben. Die meisten unserer Zuhörer sind wahrscheinlich zu jung, um zu wissen, was das bedeutet hat, tagelang nichts zu essen. Wir mussten Tauschhandel treiben, und das war alles illegal. Meine Mutter wurde ein paar mal verhaftet, und wir Kinder haben uns mit allen möglichen Sachen voll gestopft, um die gehamsterten Esssachen nach Hause zu bringen. Mein Vater war im Krieg.

Kreuzer: Ihr Vater hatte auch schon vorher nicht sehr viel Geld ...

Dichter: Nein, er war Verkäufer und hat es eigentlich nie zu etwas gebracht.

Kreuzer: Also immer wieder echte Not in der Familie.

Dichter: Ja. Und das hat mich, wenn Sie wollen, motiviert. Ich muss heraus, sagte ich mir, ich muss etwas anderes tun. Ich muss mir irgendeine Marktlücke suchen, wie man das heute so schön ausdrückt – das Wort habe ich damals natürlich noch nicht gekannt.

Hunger tut weh, Bildung macht frei

Kreuzer: Sie haben auch Ihr Studium, das heißt schon die Mittelschule unterbrechen müssen ...

Dichter: Ich bin auf ein Jahr nach Holland. Es gab damals eine Aktion für Österreichische Kinder: sie wurden in verschiedene Länder geschickt und durchgefüttert. Dadurch habe ich ein Schuljahr verloren, und als ich zurückkam, musste ich Geld verdienen, habe also mein Gymnasialstudium unterbrochen und zu arbeiten begonnen. Ich habe dann bei meinem Onkel im Warenhaus Dichter gearbeitet und mich nebenbei für Englisch und Französisch interessiert. Ich konnte auch ganz gut zeichnen. Irgendwann einmal hatte ich einen Gymnasialzeichenlehrer, der unbedingt wollte, dass ich auf die Akademie gehe, was ich mir natürlich nicht leisten konnte. Nun habe ich das Nächstbeste gemacht: Ich wurde Schaufensterdekorateur. Ich habe Bilder für die Schaufenster gezeichnet und alle möglichen Entwürfe gemacht. Dann wurde mir klar, dass ich das nicht als Lebensziel verfolgen konnte. So habe ich abends eine Maturaschule besucht ...

Kreuzer: ... das war damals noch nicht so alltäglich, dieser zweite Bildungsweg.

Dichter: Nein, das war ganz ungewöhnlich. Ich glaube, es war ein Verdienst der damaligen Sozialdemokratie ...

Kreuzer: Die Idee der Arbeitermittelschule.

Dichter: ... ja, der Arbeitermittelschule. Ich habe abends studiert und mich dann zur Prüfung gemeldet. Das erste Mal bin ich in Latein und Mathematik durchgefallen, drei Monate später habe ich dann die beiden Fächer mit Auszeichnung nachgeholt. Ich war reif – „Matura" in der ursprünglichen Bedeutung des Wortes-, an die Universität zu gehen

Berggasse 19, vis-à-vis von Berggasse 20

Kreuzer: Wussten Sie damals schon, als Sie die Matura im Abendkurs machten, dass Sie Psychologe werden wollten? Hat das etwa damit zu tun, dass Sie in der Berggasse gewohnt haben, vis-a-vis der Ordination von Sigmund Freud?

Dichter: Das stimmt – ich habe zufällig zwanzig Jahre lang ausgerechnet Berggasse Nr. 20 gewohnt, während Freud Berggasse Nr. 19 gewohnt hat. Das wäre aber eine zu oberflächliche Motivation gewesen. Der erste echte Anstoß kam von der Lektüre eines Buches: *Wie man Psychologe wird*. Der Autor erklärte es sehr hübsch: Wenn man beginnt, sich selbst zu beobachten, dann schaut man auf die anderen hin, um zu kontrollieren, ob sie einen ihrerseits beobachten. Und aus dieser Doppelwirkung entwickelt sich dann das Interesse an Psychologie. Das würde ich als eine sehr interessante und sehr kluge Erklärung, wie man Psychologe wird, akzeptieren. Ich war doch immer wieder darauf bedacht: Bemerken die anderen, dass ich rote Haare habe? Natürlich haben sie es bemerkt. Also habe ich mich immer umgeschaut und dadurch gelernt, wie man andere Leute beobachtet. Ich überlegte auch: Es gibt eigentlich keine Kurse in der akademischen Psychologie, in denen man lernt, Menschen zu beobachten. Und ich meldete mich mit diesem Vorschlag bei der Urania, bin dabei aber sofort in Schwierigkeiten mit meinem Professor Karl Bühler geraten, der den Uranialeuten einen Brief geschrieben hat: *Wieso kommt es, dass Sie einen meiner Schüler als Vortragenden gewählt haben und nicht mich? Ich bin ja Professor des Psychologischen Instituts!* Die Antwort hätte fast amerikanisch sein können: Weil *er* zuerst die Idee hatte und nicht Sie, Herr Professor.

Das „Aha-Erlebnis" als Aha-Erlebnis

Kreuzer: Wenn wir von diesem interessanten Zusammenstoß absehen: Haben Sie, als Sie bei Karl Bühler studierten, den Eindruck gehabt, einen bedeutenden Lehrer zu haben? Aus heutiger Sicht – ich halte mich da etwa an Karl Popper – waren die Bühlers, Karl und Charlotte Bühler, sehr große Psychologen.

Dichter: Ich habe bei den Bühlers sehr viel gelernt, und ich habe sie sehr geschätzt. Ihr wissenschaftsgeschichtlicher Rang war damals aber noch nicht klar.

Kreuzer: Popper hebt vor allem die Bühlersche Sprachtheorie hervor, die Dreistufigkeit der Sprachentwicklung: Ausdrucks-, Kommunikations- und Darstellungsfunktion.

Dichter: Was mich besonders beeindruckt hat, war Bühlers Unterscheidung zwischen drei Arten von Lernen: Instinktives Lernen, Lerntraining und Lernen durch Aha-Erlebnis. „Aha-Erlebnis" – dieser Begriff stammt von ihm.

Kreuzer: Es ist sehr interessant, dass Ihnen gerade das im Gedächtnis geblieben ist. – Die Unterscheidung zwischen wiederholendem, induktivem Lernen und suchendem, kreativem Lernen, die Karl Popper von Bühler übernommen hat, ist jener wissenschaftliche Aspekt, der ihn noch im hohen Alter am meisten beschäftigt …

Dichter: Ich bin zwischen den Bühlers hin und her gerissen worden. Ich habe eigentlich bei Charlotte Bühler, die sich eher um die statistischen, quantifizierenden Forschungen gekümmert hat, studiert. Meine Dissertation war aber eher auf Karl Bühler ausgerichtet.

Kreuzer: Was war das Thema Ihrer Dissertation?

Dichter: Die Selbstbeurteilung der eigenen Fähigkeiten vor allem in den verschiedenen Lebensaltern, das heißt die Frage: Wie beurteilt man seine Lebenschancen im Voraus – und wie sieht man das nachher?

Kreuzer: Wenn ich mich gleich auf Ihre eigenen Lebenschancen beziehe, die aus dieser Dissertation zu erkennen waren, so steckt in dieser Arbeit doch die Frage: Wie viel weiß der Mensch über sich selber? Offenbar war die Antwort, dass er verhältnismäßig wenig über sich selber weiß und sein Leben eher falsch voraussagt, sodass für den Ernest Dichter einiges zu tun bleibt …

Dichter: Ja, das war unter anderem erkennbar, Dann ging es auch darum, dass der Mensch in der Jugend seine körperlichen Leistungen wichtig nimmt, während er später nach Kompensationen dieser Leistungen Ausschau hält.

Kreuzer: Eine gute Basis also für Ihre späteren Erfolge in Amerika: die Vermutung, dass es zwischen dem, was der Mensch über sich vermutet, und dem, was tatsächlich in ihm vorgeht, eine bemerkenswerte Diskrepanz besteht. Haben Sie später in Amerika noch mit den Bühlers – beide sind ja ebenfalls emigriert – zu tun gehabt?

Dichter: Es war so wie seinerzeit mit der Urania. Karl Bühler hat mich gern mit der Bemerkung vorgestellt: „Hier ist mein bekanntester und erfolgreichster Schüler", aber ich hatte dabei immer das Gefühl, dass er ein wenig enttäuscht war. Er selbst und Charlotte sind zwar von den dort lebenden Österreichern sehr geschätzt worden, aber in der amerikanischen Wissenschaft sind sie nicht durchgekommen. Das hängt damit zusammen, dass sie die Psychoanalyse strikt abgelehnt haben, und die war in Amerika gefragt, wenn es um Psychologie aus Österreich ging. Charlotte Bühler hat übrigens in diesem Aspekt ihre Haltung geändert und später in Amerika analytisch gearbeitet, unter anderem an Kindern.

Kreuzer: Sie selbst waren während Ihrer Studienzeit bei den Bühlers bezüglich Psychoanalyse eine Art „Illegaler": Sie haben heimlich Psychoanalyse studiert – nicht nur wegen Ihrer Adresse Berggasse.

Dichter: Ja, das war zweifellos verpönt. Aber es hat mich gereizt.

Zuerst die Frage oder zuerst die Antwort?

Kreuzer: Um das Kapitel „Lehrer" abzuschließen: Paul Lazarsfeld, selbst Bühler-Schüler, muss zu der Zeit, als Sie studierten, bereits zu den Arrivierten gehört haben. Sie waren auch sein Schüler.

Dichter: Ja, ich habe bei ihm einen Statistik-Kurs gemacht, den ich für das Doktorat gebraucht habe.

Kreuzer: Lazarsfeld war schon damals in den Anfängen derjenige, der sich auf den Spuren Charlotte Bühlers um die Quantifizierung seiner Wissenschaft bemühte. Das ist später in der berühmt gewordenen Arbeit *Die Arbeitslosen vom Marienthal* zum Ausdruck gekommen, die er zusammen mit seiner damaligen

Frau Marie Jahoda und mit Hans Zeisel verfasste. Sie sind vom Temperament her anders angelegt: nicht ein Mann der Zahlen und Kurven, sondern der wissenschaftlichen Phantasie.

Dichter: Ja, das ist richtig. In der Nachfolge Lazarsfelds gibt es in Amerika, und nicht nur in Amerika, eine weitentwickelte mathematisch fundierte Richtung der Feldarbeit, die etwa zwischen den Antworten von tausend Hörern und Nichthörern eines Radioprogramms sorgfältig herausrechnet, welche Unterschiedsfaktoren sich ergeben. Ich hingegen gehe von Hypothesen aus. Ich frage: Warum konnten denn die Hörerinnen zuhören? Dann mache ich Tiefeninterviews und finde meine Vermutungen bestätigt oder widerlegt. Die Quantifizierung kommt bei mir nachher, nicht vorher.

Kreuzer: Man muss allerdings davon ausgehen, dass auch eine betont quantifizierende Untersuchung von Fragestellungen, also von Hypothesen ausgeht.

Dichter: Ja natürlich, auch von Annahmen.

Kreuzer: Der Unterschied ist also, dass bei den Quantifizierern die Frage verdeckt ist und die Antwort vor der Frage zu kommen scheint, während Sie die Frage als Grundlage der Forschungsarbeit deutlich herausstellen. Haben Sie in Amerika mit Lazarsfeld oder Zeisel – Marie Jahoda ist ja vorerst in Europa geblieben – zu tun gehabt?

Dichter: Nicht sehr intensiv. Zeisel habe ich öfter getroffen. Er hat mir einmal meinen Ehrgeiz vorgeworfen: „Was willst du? Geld verdienst du, berühmt bist du, also hör doch einmal auf …"

Kreuzer: Da war er, zumindest in Bezug auf Sie, ein schlechter Psychologe …

Dichter: Ja, deshalb habe ich mir das auch gemerkt. Ich bekenne mich zur kreativen Unzufriedenheit. Das ist für mich die Definition des Glücks. Deshalb höre ich auch in meinem Alter noch nicht auf zu arbeiten, obwohl ich es nicht mehr notwendig hätte.

Die Elektrizität und die Glühbirne

Kreuzer: Zurück zur Wiener Studienzeit, zum „illegalen" Studium der Psychoanalyse.

Dichter: Psychoanalyse war damals in Wien ein aufregendes Thema. Es gab zwar alle möglichen Vorträge und Diskussionen, an der Hochschule war Psychoanalyse aber verpönt. Als Psychologiestudenten durften wir nicht Psychoanalyse studieren.

Kreuzer: Was hat die eigentliche Motivation ergeben? Es erst recht zu tun?

Dichter: Wenn Sie mich jetzt analysieren, muss ich ja sagen, ich war immer ein „Anti". Ich wollte immer gerade das Gegenteil von dem tun, was ich hätte tun sollen. Und deshalb habe ich mich auch für Psychoanalyse zu interessieren begonnen. Ich habe bei Wilhelm Stekel Kurse besucht, meine ersten Patienten hat mir Stekel vermittelt. Ich habe mit August Aichhorn gearbeitet. Wir hatten eine Reihe von seinen Patienten bei uns einquartiert und führten mit ihnen eine so genannte Nachbehandlung durch. Weil ich schon mit vierzehn Jahren zu arbeiten begonnen hatte oder arbeiten musste, war ich nie so besonders an einer akademischen Laufbahn interessiert – außerdem wäre mir die wahrscheinlich unmöglich gewesen: Wir schrieben 1934, Hitler war schon an der Macht in Deutschland, und die Möglichkeiten für einen jüdischen Doktoranden auf dem Gebiet der Psychologie und Philosophie waren nicht sehr groß. Auch wenn ich Vollarier gewesen wäre, hätte ich sechs oder sieben Jahre lang warten müssen, bis ich irgendeine Anstellung bekommen hätte.

Kreuzer: Aus diesen oder aus anderen Gründen hat es Sie also immer schon sehr zur Praxis hingezogen. Wenn man so will und Sie mit Ihrem Vis-à-vis-Nachbar Sigmund Freud in Beziehung setzt: Sie haben nicht die Elektrizität entdeckt, aber die Glühbirne erfunden. Haben Sie immer schon so praktisch gedacht?

Dichter: Ja, ich habe immer gefragt: Was kann man damit *machen?* Auch jetzt noch bin ich der bloßen Theorie gegenüber eigentlich ein bisschen feindselig eingestellt. Ich pflege zu sagen: Jetzt haben sie drei Stunden lang philosophiert – na, was *machen* sie damit? Was hat die ganze Soziologie, Psychologie eigentlich erreicht? Wie hat sie das Leben der Menschen verbessert? Und ich versuche auf meine eigene Weise, auf meinem eigenen kleinen Gebiet Gedanken zu entwickeln, die man wirklich anwenden kann. Ein Großteil meiner Arbeit liegt daher auf kaufmännischem Gebiet, aber in den letzten fünfzehn Jahren habe ich auch mehr und mehr versucht, Antworten für Probleme wie: Kann man das Image der UNO verbessern? zu finden.

Knöpfe annähen, wenn es notwendig ist

Kreuzer: Darauf kommen wir zweifellos noch zurück. Vorerst weiter zu den Dreißigerjahren. Da fällt mir auf: Ihr Haupttätigkeitsgebiet war zwar später der Markt, die Verkaufsberatung, interessant ist aber, dass Sie auf dem *Arbeitsmarkt* begonnen haben, nämlich als Berufsberater, als Berater derer, die ihre Arbeit als Ware verkaufen, und dass Sie von dort dann den *Warenmarkt* entdeckt haben. Sie haben ja in Wien auch zum ersten Mal über Arbeitsmarkt und Arbeitsberatung veröffentlicht.

Dichter: Ja, richtig. Welche Möglichkeiten gab es für mich? Jedes Jahr wurden zwei Studenten für die Stadt Wien ausgewählt – es gab das so genannte Psychotechnische Institut der Stadt Wien, das Eignungsuntersuchungen durchführte. Und ich war einer dieser zwei Studenten in einem Jahr. Dann war es aber aus. Das kam so – es klingt ein bisschen komisch: Mein Professor war ein Nazi. Und der hat mir den Rat gegeben, Wien zu verlassen. Ich hätte vielleicht eine Stellung bei der Gemeinde Wien haben können, darüber sprach ich mit ihm. Eigentlich sollte ich auf diese Stelle warten, sagte ich, aber ich bin jüdischer Abstammung. Sagt er: Na und? Sie sind bereits auf der Liste. Folgen Sie meinem Rat und gehen Sie weg. Und er hat mir eine Empfehlung an einen kommunistischen Professor in Frankreich gegeben.

Kreuzer: Wenn man so will, ein letzter Rest österreichischer Toleranz in dieser furchtbaren Zeit. Vielleicht mit auch ein Grund, warum Sie im Verhältnis zu anderen Emigranten weniger Ressentiments haben. Die anderen haben berechtigte, sehr berechtigte Ressentiments, aber Sie sind einer, der in dieser Frage relativ offen ist.

Dichter: Zuerst einmal glaube ich, dass man historisch irgendwann einmal Schluss machen sollte. Man darf nicht fünfzig Jahre, hundert Jahre lang nachträgerisch sein. Man kann sich auch überlegen: Das alles hätte auch bei anderen Völkern passieren können und ist ja auch passiert.

Kreuzer: Und wie sind Sie nach Amerika gekommen? Das war ja nicht zufällig.

Dichter: Nein, ich bin zuerst von Wien nach Paris, wo ich vorher schon vor einigen Jahren studiert hatte. Ich konnte ganz gut Französisch. In Paris habe ich dann teilweise als Journalist gearbeitet, teilweise als – das konnte ich noch aus meiner früheren Zeit – Schneider. Ich kann jetzt noch Knopflöcher nähen und Knöpfe annähen. Ich habe damals als Aufträge von den anderen Studenten verschlissene Ärmel repariert.

Woher zehntausend Dollar? Woher eine Idee?

Kreuzer: Das war aber keine Hilfe bei der weiteren Emigration. Hitler kam immer näher ...

Dichter: Ich ging von einem Konsulat zum anderen. Das letzte Konsulat, an das ich wirklich gedacht hatte, war das amerikanische. Es war ein nettes amerikanisches Mädchen dort. Das war mein erster Kontakt mit amerikanischer Psychologie. Sie sagte: Rufen Sie sofort Ihre Frau an, lassen Sie sich fotografieren und registrieren. Sie sind österreichischer Staatsbürger. Das österreichische Kontingent ist noch nicht ausgeschöpft. Wir werden irgendeinen Vorwand finden, um Sie nach Amerika zu bringen. Und dann sind wir buchstäblich die Liste der Voraussetzungen für die Einwanderung durchgegangen. Also Geistlicher, sage ich, bin ich leider nicht, nicht einmal Rabbiner. Zehntausend Dollar müsste ich haben, fünftausend pro Kopf, die habe ich auch nicht. Dann stießen wir auf die Berufsbezeichnung Journalist. Sagte sie: Wissen Sie was, verschaffen Sie sich einen Vertrag. Sie können ja nebenbei einen Vertrag unterschreiben, dass der Vertrag nicht gültig ist. Das haben wir gemacht. Ich ging dann zum damaligen Vizekonsul Thompson – er war später Botschafter in Moskau. Der schaute sich das an, und dann sagte er: Das ist doch nicht wahr, ihr schwindelt! Da bin ich sehr wütend geworden ...

Kreuzer: Ihrer Biographie entnehme ich: Das war Ihr wichtigstes „Verkaufsgespräch".

Dichter: Richtig. Ich habe gesagt: Ihr Amerikaner seid alle scheinheilig. Alles, was ihr wollt, sind Einwanderer, die zehntausend Dollar haben oder reiche Verwandte. Sagt er: Moment, Moment, beruhigen Sie sich ...

Kreuzer: War das ein echter Zornausbruch, oder haben Sie da psychologisch spekuliert?

Dichter: Wahrscheinlich war das eine Kombination von beidem. Ich dachte: Wie kann ich ihn motivieren? Ich werde also seinen amerikanischen Stolz angreifen. Und er hat prompt darauf reagiert. Er sagte: Okay, ich werde etwas sehr Ungewöhnliches tun, ich werde persönlich für Sie garantieren. Ich schicke ein Telegramm nach Washington. Tatsächlich erhielt ich dadurch das Visum.

Wer genug Seil hat, erhängt sich selber

Kreuzer: Jetzt können wir verhältnismäßig leicht abkürzen, denn in Amerika haben Sie wirklich nicht lange gebraucht, um ein großer Star zu werden. An der Stelle ist vielleicht die Frage einzuschieben: Was ist eigentlich Ihre Grundentdeckung, die *Motivforschung?* Man hat ja auch schon vorher gewusst, dass es Motive gibt.

Dichter: Meine Überlegung war die, dass ein Großteil der menschlichen Probleme, ob das jetzt Verkaufs- oder Wahlprobleme sind, damit zusammenhängen, dass wir nicht genau wissen und nicht genau verstehen, wie wir Menschen motivieren können. Wir glauben immer, wenn wir ihnen befehlen oder ihnen drohen, dann hilft das etwas. Ich sage immer: Die zehn Gebote Moses waren verschwendet. So kann man das nicht machen.

Kreuzer: Das heißt, wenn wir Menschen motivieren wollen, wissen wir zu wenig über ihre wirklichen Motive – weil wir die eigenen nicht kennen.

Dichter: Wir glauben, dass es zielführend ist, rational vorzugehen. Aber die Vernunftargumente sind nur vorgeschoben. Wenn jemand drei Mal im Gespräch sagt: Ja, dem Otto vergönne ich, dass er eine Aufbesserung gekriegt hat, der ist ein wunderbarer Mensch, das hätte niemand Besserem passieren können, dann können Sie ziemlich sicher sein, dass er sehr eifersüchtig ist auf Otto. Ich habe das dann ins Wissenschaftliche übersetzt. Anstatt die Leute zu befragen: ,Warum haben Sie dieses oder jenes Auto gekauft?' oder: ,Warum haben Sie diesen oder jenen Kandidaten gewählt?', lassen wir die Leute einfach reden. Es gibt einen gescheiten Ausspruch: Wenn man einem genügend Seil gibt, erhängt er sich von selber. Wenn Sie jemanden lange genug reden lassen, können Sie zwischen den Zeilen herausfinden, was er wirklich meint.

Im Anfang war der Sex

Kreuzer: Woher kommt nun diese Komplikation in der menschlichen Motivation? Ist sie tiefenpsychologisch begründet? Sind das die Verdrängungen nach Freud, oder ist das so zu erklären, dass der Mensch mit seiner komplizierten Stammesgeschichte so viele Schichten von Bewusstsein übereinandergelagert hat, dass sich seine hellen von den dunklen Motiven unterscheiden? Wo liegt die wissenschaftliche Wurzel dieser Komplexität, die Sie da nutzen?

Dichter: Dass wir alle möglichen Schichten einschalten, bevor wir wirklich entscheiden, ist offenkundig. Sogar in der Liebe denken wir zunächst an uns selbst. Ich denke an den wirklichen Akt: Heute Nachmittag oder heute Abend, je nach Gelegenheit, war ich besonders gut. Wir denken erst an zweiter oder dritter Stelle an den Partner.

Kreuzer: Auch wenn wir behaupten, dass es anders wäre.

Dichter: Natürlich.

Kreuzer: Da sind wir jetzt aber wirklich bei einem interessanten Thema. Ich glaube, Sie sind in Amerika mit drei Projekten wirklich berühmt geworden: Eines davon bezog sich auf Sex, nämlich auf die Zeitschrift *Esquire,* Die Herausgeber von *Esquire* wussten nicht, dass das Wesentliche in ihrer Zeitschrift die Aktfotos waren. Das muss man heute erzählen, um es für möglich zu halten. Ein halbes Jahrhundert danach, mit *Playboy* und den hundert *Playboy*-Kopien, kann man sich nicht vorstellen, dass das jemals eine Frage war.

Dichter: Damals war das noch eine ganz ausgefallene Geschichte. Die wollten also wissen: Wie können wir mit Erfolg Annoncen verkaufen?

Kreuzer: Wie können wir unsere Inserenten motivieren …

Dichter: Ja. Sie wollten wissen: Wer liest denn eigentlich so eine Zeitschrift wie *Esquire* und warum? Die meisten Befragten rühmten die intellektuellen Geschichten. Wir aber haben die Leute einfach reden, durchblättern lassen und haben zugehört und zugeschaut. Und da haben wir bemerkt, dass alle bei den Seiten mit Aktfotos länger innegehalten haben.

Kreuzer: Die Pupillen haben sich erweitert …

Dichter: Die Pupillen haben wir nicht genau untersucht, aber das konnte man sehen. Ich habe dann berichtet: Das wirkliche Kaufmotiv, obzwar die Männer es nicht zugeben, sind die Aktfotos. Wir haben bemerkt: Sehr oft haben sie den *Esquire* in eine andere Zeitschrift eingehüllt, um nicht ertappt zu werden. Der Verkaufschef, der Inserenten gewinnen sollte, war vorerst in Verlegenheit: Was fange ich damit an? Ich kann doch nicht damit zu meinen Inseratenkunden gehen und sagen: Männer lesen unsere Zeitschrift wegen der Nackten! Und da fiel mir ein, dass sich, wenn man Aktfotos ansieht, die Pupillen erweitern.

Kreuzer: Dann wird also auch die Werbung verstärkt aufgenommen.

Dichter: Genau. Das war das Argument für die Inserenten.

Kreuzer: Man muss das wirklich noch einmal in Erinnerung bringen, denn heute käme ja niemand auf die Idee, darüber nachzudenken, ob ein Aktfoto in einer Zeitschrift wirksam ist.

Dichter: Interessant ist, dass vor ungefähr zwei Jahren, also Jahrzehnte später, eine der anderen Zeitschriften, *Penthouse,* die ebenfalls Aktfotos bringt, zu mir kam. Die Manager sagten: Uns fällt nichts mehr ein. Was gibt es über Nacktheit hinaus? Was kann man noch bringen? Wir zeigen schon alles anatomisch bis ins letzte Detail. Was können Sie uns noch vorschlagen? Und einer von meinen Leuten sagte halb im Spaß: Ziehen Sie die Mädchen wieder an!

Die Dusche vor dem Rendezvous

Kreuzer: Zurück zur damaligen Situation. Das zweite Beispiel, das mich sehr beeindruckt hat, betrifft ebenfalls ein Randgebiet der Sexualität, nämlich Ihre Entdeckung, dass amerikanische Mädchen, wenn sie sich einseifen, das Gefühl des Striptease haben, dass, wenn sie sich duschen, erotische Assoziationen auftreten.

Dichter: Ich war wahrscheinlich einer der Ersten, der versucht hat, über das Baden und die Verwendung von Seife nicht durch direkte Befragung Erkundigungen einzuziehen, sondern die Sache zu analysieren. Ich habe eine Untersuchung über die Badegewohnheiten angestellt, über die Rituale beim Baden. Wir fanden heraus, dass die jungen Mädchen am Samstag Abend, bevor sie zum Rendezvous gingen, sich ganz besonders gründlich badeten. Und auf die Frage, weshalb denn, haben sie mit der Achsel gezuckt. Nun, wir haben sie reden lassen, und da haben sie mehr oder weniger zugegeben: „You never can tell" – Man weiß ja nie, was passieren kann –, also wenigstens will ich sauber sein. Da ist mir übrigens einmal bei einer Fernsehsendung in Tokio etwas passiert: Ich hatte einen Übersetzer und erzählte diese Geschichte; er dreht sich zu mir um und sagt: „You never can tell *what?"* Er hatte den Witz vollkommen verdorben, weil er ihn nicht kapiert hatte.

Er zahlt, sie kauft

Kreuzer: Dass es nicht nur um unmittelbare Sexualaspekte geht, zeigte Ihr besonderer Erfolg bei „Plymouth". Da ging es nicht um Sexualität, sondern um die Entdeckung, dass Autos eigentlich nicht von Männern gekauft werden, sondern von den Frauen, die mitgehen. Ein familiärer Aspekt.

Dichter: Wenn Sie direkt fragen, sagt jeder Amerikaner und auch jeder Österreicher: Natürlich treffe ich die Entscheidung. Hier gilt der alte Witz: Ich entscheide, ob wir den Krieg weiter führen oder die Bankrate erhöhen – und meine Frau entscheidet, wie viel Geld wir für Möbel ausgeben. In derselben Weise haben sich alle Amerikaner gesagt: Ich treffe die Entscheidung! Wie widerlegt man das? Wir in der Motivforschung legen den Klienten oder Patienten, Konsumenten nicht auf die Couch. Wir fragen einfach nach Fakten: Was haben Sie getan, als Sie sich ein neues Auto kauften? – Wir setzten uns in den alten Wagen hinein, gingen von einem Händler zum anderen, verglichen Preise, und dann machten wir eine Probefahrt. Dabei war unser Hauptinteresse, aufzupassen, dass das Wort wir verwendet wurde.

Kreuzer: Die alte Geschichte von Eva, dem Apfel und der Schlange: Die Frau war es also, die eigentlich gekauft hat. Er hat nur gezahlt.

Dichter: Wir fragten: Warum hat er „wir" gesagt? Und wir stellten Hypothesen auf. Was könnte das Motiv für seinen Autokauf sein? Wer könnte Einfluss darauf nehmen? Und dann stellten wir Hypothesen von eins bis fünfundzwanzig auf und versuchten Indizien festzulegen. Und wenn genug Indizien da waren, die zum Beispiel für Hypothese fünf sprachen, dann hatten wir eine Validierung, eine Bestätigung dieser Hypothese gefunden. So fanden wir heraus, dass das erste Auto, egal welche Marke, besondere Bedeutung hat. Der erste Autokauf ist eine Art von Pubertätsritual: Man geht weg von der Familie, man ist plötzlich frei und so weiter. Wir haben diese Hypothese festgelegt und gesagt: Wenn das stimmt, dann müsste sich zeigen, dass die Leute über das erste Auto viel mehr reden als über all die anderen Autos, ganz egal, was sie gekostet haben; sie müssten mehr emotionell darüber reden, sich an viel mehr Details erinnern und so weiter. Und genau so war es. Nun, Ihre nächste Frage könnte sein: Was haben sie damit *gemacht?* Sehr einfach! Wir haben zum ersten Mal ein altes Auto in der Werbung gezeigt, und in der Headline daneben stand: ‚Können Sie sich noch erinnern, als …" Und wir haben mehr oder weniger die Tränen in die Augen der potenziellen Käufer gebracht: Es tut uns Leid, wir können Ihnen das erste Autoerlebnis nicht mehr zurückbringen, aber wenn Sie in unseren Salon gehen und unser neues Auto probieren, vielleicht werden einige dieser Gefühle wiederkehren …

Mister Image

Kreuzer: Hier kommt dazu, dass Sie niemals nur die Diagnose, sondern auch gleich die Therapie dazu liefern. Kein Wunder, wie groß der Durchbruch Ihrer

Person und Ihrer „Schule" in Amerika war: Sie sind zum Beispiel auch der Vater des Begriffes „Image" – der ist inzwischen immerhin zu einem Weltvokabel geworden.

Dichter: Eigentlich habe ich das gestohlen: *imago* – ein lateinisches Wort.

Kreuzer: Ja, das Wort gab es, aber Sie haben seinen Nutzen erkannt.

Dichter: Die Frage war: Was bleibt eigentlich von einer ganzen Werbekampagne, einem Propagandafeldzug übrig? Und ich sagte: Was übrig bleibt, ist das „Imago", das *Image*.

Kreuzer: Ein gestaltpsychologischer Begriff.

Dichter: Man nennt das auch „Persönlichkeit". Man kann mich fragen: Wie gefällt Ihnen dieser Herr?, und ich kann sagen: Na ja, ich mag nicht, wie er sich die Haare scheitelt, ich mag nicht, wie er redet, ich mag nicht, wie er isst. Und dann muss ich zugeben: Ich mag ihn nicht.

Kreuzer: Der Gesamteindruck ist es, der den Ausschlag gibt. Und das haben Sie umgelegt auf Waren, auf Institutionen, auf Firmen.

Österreich, als Füllhorn betrachtet

Dichter: Wir haben in Amerika für Österreich Image-Untersuchungen durchgeführt. Das beginnt schon damit, dass der Durchschnittsamerikaner nicht weiß, wo Österreich liegt oder wie Österreich aussieht. Wenn Sie ihn fragen, wie Italien aussieht, weiß auch der dümmste Amerikaner, dass es einem Stiefel ähnlich ist. Irgendwie kann er sich das merken. Also eine meiner Empfehlungen: Man müsste Österreich ein Symbol geben, und eines der Symbole, das ich vorgeschlagen habe, war ein Füllhorn. Eng: Vorarlberg, Tirol; dick: die übrigen Bundesländer.

Kreuzer: Ein Hühnerbügel reicht nicht.

Dichter: Nein. Ein Füllhorn. Fülligkeit – eine Fülle von Möglichkeiten.

Kreuzer: Für wen haben Sie diese Untersuchung durchgeführt?

Dichter: Für die österreichische Fremdenverkehrswerbung.

Kreuzer: Das war nicht das erste und das letzte Mal, dass Sie für Österreich gearbeitet haben. Unter anderem haben Sie auch politische Parteien beraten.

Dichter: Ich muss sehr offen gestehen: Ich habe für beide Parteien gearbeitet – Sie haben ja nur zwei Hauptparteien. Zuerst habe ich für die ÖVP gearbeitet und dann für Bundeskanzler Kreisky.

Kreuzer: Dem haben Sie anscheinend die besseren Ratschläge gegeben.

Dichter: Also ich weiß nicht ...

Kreuzer: Vielleicht kommt zum Schluss heraus: Sie haben ihm gesagt, er müsse halb so schnell sprechen wie die anderen Österreicher. Und das war das ganze Geheimnis!

Dichter: Vielleicht. Wir nehmen jedenfalls keinen Einfluss auf die politische Einstellung eines Kandidaten, sondern versuchen, sein Problem klar zu machen. Was heißt „gewählt werden"? Das ist ein Marketingproblem. Das ist mir oft vorgehalten worden: Dichter verkauft Kandidaten wie Seife. Die Antwort darauf ist: Selbstverständlich! So verkaufen sich die Kandidaten ja selber. Wenn Carter vorne zwei Zähne gefehlt hätten, wäre er wahrscheinlich nie gewählt worden. Er hat hübsche Zähne. Dass das leider nicht genügt, haben wir erst später herausgefunden.

A-Projekt und B-Projekt

Kreuzer: Sie erwähnen hier eine ganz wichtige weitere Entwicklung. Da Sie so ungeheure Wirkung hatten, musste das Kritik ja herausfordern. So war das Buch von Vance Packard *Die heimlichen Verführer* im Wesentlichen auf Sie und Ihre Schule gemünzt. Schon damals haben Sie sich bemüht, nicht nur Waren zu verkaufen, nicht nur Bedürfnisse kommerzieller Art zu wecken, sondern sich auch humanitär, politisch zu betätigen. In Ihrer Biographie erwähnen Sie ausdrücklich in Ihrer Arbeit die Kategorie A und die Kategorie B – A-Projekte und B-Projekte. Wie würden Sie die definieren?

Dichter: Die A-Projekte sind diejenigen, die der Menschheit helfen, die eleganter klingen, auf die man stolz sein kann. Die B-Projekte sind die kommerziellen, die das Geld bringen. Wir haben gerade jetzt, wenn Sie wollen, ein A-Projekt in Kanada durchgeführt. Vielleicht ist das für Österreich besonders interessant, weil es die Gewerkschaft der Bundesbeamten in Kanada in Auftrag gegeben hat. Das

Problem war: Wie können die Beamten ihr Image verbessern? Eine Zeit lang wollte die konservative Regierung sechzigtausend Bundesbeamte hinauswerfen. Und der Witz, der überall kursierte, bezog sich darauf, dass drei Leute die Arbeit von einem machen. Wir redeten mit Gewerkschaftsfunktionären, und die sagten uns: Streiks und Verhandlungsmethoden, wie sie in den letzten vierzig Jahren üblich waren, werden in Zukunft nicht mehr funktionieren.

Eine ganze Reihe der jüngeren Topleute der Gewerkschaft erzählte mir im Vertrauen: Neunundneunzig Prozent der Diskussion, die wir haben, können wir eigentlich durch den Computer lösen. Das letzte Prozent, das sind ganz kleine, aber sehr wichtige menschliche Fragen. Wir haben uns auf dieses eine Prozent konzentriert und herausgefunden, dass das negative Gefühl der Bevölkerung dadurch entsteht, dass sie zu oft mit einem Postbeamten oder einem Grenzbeamten oder sonst einem Regierungsbeamten zu tun hat, der glaubt, frech sein zu dürfen, der die Leute Schlange stehen lässt, sie anschnauzt, als ob er nicht ein „public servant", ein öffentlich Bediensteter, wäre.

Kreuzer: Kern des Ratschlags also: ändert euer Image, seid beliebt, dann werden die Staatsbürger lieber Geld für euch zahlen.

Dichter: Wir fragten auch: Was für Dienstleistungen will die moderne Bevölkerung wirklich haben? Minimales Ergebnis: Wenn die Grenzbeamten nicht Zeit haben, alle Leute rasch genug abzufertigen, ist zumindest ein Lautsprecher da, der sagt: Bitte entschuldigen Sie, wenn Sie zulange warten müssen, Sie kommen bald an die Reihe. Und es wird den Beamten beigebracht, danke schön zu sagen, was übrigens die österreichischen Grenzbeamten nie tun.

Angewöhnen, abgewöhnen

Kreuzer: Zum Thema A- und B-Projekt: Die A-Projekte die gesellschaftlich wertvollen oder interessanten, die B-Projekte die kommerziellen. Ist jetzt nicht eigentlich die Zeit, dass B-Projekte allmählich zu A-Projekten werden, dass Sie den Leuten, denen Sie ein Leben lang eingeredet haben, was sie alles brauchen könnten, allmählich wieder ausreden, was Sie ihnen eingeredet haben, sie nun davon zu überzeugen, dass sie eigentlich viel weniger brauchen? Sind Sie jetzt eigentlich auch mit Projekten befasst, den Leuten nebst Rauchen, Trinken und anderen Lastern, die Energieverschwendung abzugewöhnen?

Dichter: Das eigentliche Problem ist: Es wird zu wenig Motivforschung betrieben. Sonst hätten die amerikanischen Automobilfirmen und auch die europäischen im Voraus sehen können, dass man kleinere Autos haben soll oder haben will, und man hätte dem Publikum beibringen können, dass man auch mit einem kleinen Auto rasch genug vorwärts kommt. Die nächste Frage ist, wie man das macht. In San Francisco hat die Stadtverwaltung einfach erklärt: Es werden keine Autobahnen mehr gebaut. Schluss damit! Hört auf, ihr müsst euch mit dem zurechtfinden, was wir haben. Und plötzlich sind eine ganze Reihe von Leuten dazu übergegangen, die öffentlichen Verkehrsmittel zu benützen. Vor zwei, drei Wochen hatten wir einen Streik der Transportarbeiter in New York, und da haben die New Yorker eine Initiative entwickelt, die dann auch durch Verordnungen geregelt wurde: Keiner durfte nach New York City rein, der nicht einen zweiten oder dritten Passagier im Auto hatte. Und das hat plötzlich jedem eingeleuchtet, und jetzt ist es zur Gewohnheit geworden, Nachbarn mitzunehmen.

Schlange sagt Eva: Lass den Apfel hängen!

Kreuzer: Gibt es da aus Ihrer Sicht so etwas wie ein Generalrezept? Käme etwa die Internationale der Grünen, die es nicht gibt, mit dem Vorschlag zu Ihnen: Herr Doktor, wir wollen von Ihnen ein Rezept, wie man den Menschen all das abgewöhnt, was ihnen der Doktor Dichter in den letzten Jahrzehnten angewöhnt hat – was fällt Ihnen Grundlegendes dazu ein? Wie bringt man Menschen zur Enthaltsamkeit, zum Verzicht? Das ist sozusagen eine umgekehrte Aufgabe für die Schlange: Eva davon zu überzeugen, dass an einem Apfel nichts dran ist.

Dichter: Wenn Sie dem Kind den Lutscher wegnehmen, müssen Sie ihm etwas anderes dafür geben. Wenn Sie ihm ein Spielzeug wegnehmen wollen, dann müssen Sie ihm zwischendurch ein anderes Spielzeug geben. Wenn man also dem Konsumenten beibringen will, weniger zu verschwenden oder weniger zu fahren, muss ihm das mehr Befriedigung verschaffen, als viel zu verschwenden und zu fahren. Ein Beispiel, das vielleicht hierher passt. Wie kriegt man Menschen dazu, ihre Augen untersuchen zu lassen? Also bestimmt ein A-Projekt! Da haben wir im Fernsehen ein Mädchen im Bikini auf dem Strand gezeigt, aber vollkommen verschwommen, und darunter geschrieben: Schade – wenn Sie Ihre Augen korrigiert hätten und Augengläser trügen, könnten Sie's scharf sehen! Dann wird das Mädchen natürlich ganz scharf gezeigt. Übrigens: Bei A-Projekten geht es nicht nur ums Abgewöhnen. Es geht darum, nützliche Wünsche zu wecken.

Kreuzer: Diese kritische Frage nach der nützlichen Motivation mündet in die Frage: Was sind denn eigentlich die echten Basismotivationen der Menschen? Sind es eher die A-artigen, oder sind es eher die B-artigen? Sind Sie mit Ihrer Theorie hier weitergekommen?

Dichter: Ich würde sagen, leider die B-artigen. Der Mensch, wenn wir wieder auf Freud zurückgehen wollen – in dem Fall nicht in Bezug auf Sex, sondern auf allgemeine Libido –, wird viel stärker vom Lust- als vom Realitätsprinzip motiviert.

Kreuzer: Der Mensch ist gut, die Leut' san schlecht. – Ich komme dennoch auf die Frage nach dem Grundmotiv zurück, nach dem wirklichen Motiv. Sie gehen in Ihren Büchern so weit, zu bezweifeln, ob es so etwas wie eine eindeutige Grundmotivation überhaupt gibt, und halten es für durchaus möglich, einem Menschen mehrere Motive zur Auswahl zur Verfügung zu stellen: Die Motivation des Menschen in diesem Sinne ist also als auswechselbar zu betrachten.

Wer immer strebend sich bemüht ...

Dichter: Als ich eine Studie für Chrysler fertig stellte und meinen ersten Vertrag erhielt, sagte mein Auftraggeber: Reißen Sie aus allen Psychologiebüchern all die Kapitel raus, die etwas mit Motivation zu tun haben, stapeln Sie sie zusammen und legen Sie sie auf meinen Schreibtisch! Da habe ich ihm klar gemacht, dass menschliche Motive einem Motor viel ähnlicher sind als einer Schraube. Was ist das Wichtigste an einem Automobil? Ist es die kleine Schraube, die da fehlt und die den großen wunderbaren Mercedes stoppt, oder ist es das, was in einem System zusammenhängt und zusammenarbeitet? Wenn Sie darauf bestehen, eine Schraube herauszuholen, sagte ich, so ist das die Sucht nach Sicherheit. In dem Augenblick, in dem wir auf die Welt kommen, sind wir bereits unsicher. Wir sind aus dem Mutterleib draußen, es ist kalt, und die Wärme und die schützende Hülle sind weg, wir schreien, aber wir können nicht mehr zurück.

Wie jemand einmal über die Inflation gesagt hat: Sie ist wie Zahnpasta, man kriegt sie aus der Tube raus, aber nicht mehr zurück. Wir können nicht mehr zurück. Wahrscheinlich werden wir durch die meisten Religionen, durch die meisten Philosophen, die uns sagen: Irgendwann am Ende ist das Paradies, dann ist alles perfekt, irregeführt. Wenn es ein solches Paradies gäbe, wäre es wahrscheinlich furchtbar langweilig. Wir sind nicht aus dem Paradies *herausgetrieben* worden, wir sind in das Paradies des dauernden Suchens, des dauernden Neulernenwollens, des dauernden Fragens *hineingetrieben* worden. Aber das macht den Unterschied zwischen der statischen Sicherheit im Mutterleib, die wir wiederzufinden suchen, und der dynamischen Sicherheit, die wir dauernd weiter suchen, aus. Das hat schon Goethe im *Faust* geschrieben.

Kreuzer: „Wer immer strebend sich bemüht …"

Dichter: Ja, Goethe: *Faust*.

Maskenverleih der Motive

Kreuzer: Das ermutigt mich, noch einmal die Frage nach der Basis der Wünsche und Motive zu stellen. Kann man einem Menschen tatsächlich mehrere Wunschkonstellationen, mehrere Persönlichkeiten zur Auswahl anbieten? Kann man, wie in einem Maskenverleih, sagen, du kannst eigentlich der oder der oder ein anderer sein?

Dichter: In meinem neuen Buch – es heißt *Besser als Valium* – ist das erste Kapitel betitelt „Vielleicht gibt es fünf von Dir". Wir sind auf der Suche nach uns selbst, nach dem echten inneren Kern. Und ich stelle die Hypothese auf: Vielleicht gibt es diesen Kern gar nicht, sondern wir spielen Rollen. Und was wir lernen sollten, ist: mehr Rollen zu spielen. Praktisch übersetzt: Wir sind fehlgeleitet, wenn wir einen bestimmten Beruf erlernen. Plötzlich gibt es Arbeitslosigkeit in diesem Beruf. Wir sollten fünf, sechs Berufe lernen. Eltern sollten ihre Kinder nicht fragen: „Was willst du denn werden?" Sie sollten Alternativen anbieten: Astronaut, Lokomotivführer, Stenotypistin, Schauspieler – und noch ein paar Varianten. Wir leben in einer multiplen Welt, und wir sollten auch unser Leben in dieser multiplen Weise gestalten.

Kreuzer: Steckt in dem praktischen Rat, mehrere Berufe zu erlernen, tatsächlich die Überzeugung, dass der Mensch einfach mehrere Verwirklichungsmöglichkeiten hat, dass es *ihn selbst* in diesem Sinn gar nicht gibt?

Dichter: Wir nützen vielleicht zwanzig oder dreißig Prozent unseres Potentials aus. Und siebzig bis achtzig Prozent lassen wir einfach liegen.

Wie viele Schichten hat eine Zwiebel?

Kreuzer: Hier bemerke ich einen wichtigen Bezugspunkt in Ihrer Biographie. Ich glaube, es ist Ihr Enkel, mit dem Sie über die Zwiebel reden. Er fragt Sie …

Dichter: Er fragt mich: „Was machst du eigentlich hier, Grandpa?" Und ich versuche ihm zu erklären: Weißt du, du bist wie eine Zwiebel. Da ist eine Schicht, und wenn du die Schicht abnimmst, sind da eine zweite Schicht und eine dritte Schicht, zwischendurch wirst du vielleicht ein paar Tränen vergießen.

Kreuzer: Und von dieser Zwiebel bleibt zum Schluss nichts übrig.

Dichter: Es bleibt nichts übrig.

Kreuzer: Ich muss Ihnen eine kritische Gegenfrage stellen. Ist nicht die Zwiebel falsch behandelt, wenn man sie auseinander nimmt? Ist der Sinn einer Zwiebel nicht, in die Erde gebracht zu werden und dort eine Pflanze hervorzubringen? Wenn sie diese Pflanze hervorgebracht hat, ist die Bedeutung ihres innersten Zwiebelkerns natürlich sehr viel leichter durchschaubar. Und diese Pflanze hat natürlich eine eindeutige Identität und nicht fünf, zehn oder hundert Möglichkeiten, die man aus der Schalenstruktur ableiten kann.

Dichter: Das ist ein sehr hübscher Vergleich – aber am Schluss entsteht aus der alten Zwiebel wieder eine Zwiebel.

Kreuzer: Ich glaube, wenn Viktor Frankl jetzt an unserem Tisch säße, und wir würden ihn fragen, würde er wahrscheinlich mit Ihrer Antwort bezüglich der vielen Möglichkeiten nicht ganz zufrieden sein, weil es der Kern seiner Lehre ist, für den Menschen *den eigentlichen Sinn* seines Lebens, der doch irgendwo drinsteckt in der Zwiebel und der herauskommt, wenn man die Zwiebel in die Erde steckt, herauszufinden. Sie bieten mehrere Möglichkeiten – im Gegensatz zu Frankl. Nicht den Sinn, sondern ein Bündel von Sinn-Möglichkeiten.

Dichter: Ja, aber vielleicht sind wir nicht so weit auseinander. Sie haben gerade so hübsch beschrieben, dass die Zwiebel, wenn sie in der Erde steckt, dauernd wächst. Alles, was ich hinzufügen würde, ist, dass das Wachstum einfach nie aufhört – im Gegensatz zur physischen Welt, zur botanischen Welt. In der geistigen Welt, die nur dem Menschen eigen ist, können wir uns dauernd weiterentwickeln Das macht mich auch optimistisch in Bezug auf die Zukunft. Wir stehen wahrscheinlich erst ganz am Anfang all der Möglichkeiten, die uns die Technologie – Elektronik, Computerwissenschaft und so weiter – bietet, und schon haben wir Angst wie die Maschinenstürmer, dass uns das alles über den Kopf wachsen wird.

Der Innovationsschlüssel

Kreuzer: Hier sind wir ganz und gar bei diesem wichtigen, etwas zu kurz kommenden zweiten Teil Ihrer Lebensarbeit. Ich glaube, in dem, was Sie Ihr Leben lang schreiben und tun, steckt nicht nur die Entdeckung und Anwendung der Motivforschung, sondern auch ein ganz starkes Stück Innovationsforschung drin – was bei Ihnen zum Teil identisch ist. Sie schaffen Innovationen, indem Sie Motive finden. Aber Ihre Lehren in Bezug auf Innovation sind auch über die Motivforschung hinaus anzuwenden, zum Beispiel die „Why not?"-Theorie: Warum nicht das Gegenteil probieren?

Dichter: Müssen die Leute in Wohnungen wohnen, die weit von der Fabrik entfernt sind? Kann man sie nicht zusammenbringen? Kann man mit den Wohnungen nicht direkt in die Fabrik hineingehen? – Ich habe vor kurzem eine kleine Geschichte für eine deutsche Zeitschrift geschrieben, in der ich als Anfang die Silvesterfeier des 31. Dezember 1999 verwende, Und dann beschreibe ich im Detail, was vielleicht so in zwanzig Jahren vor sich gehen wird. Ich phantasiere, ich probiere herum und entdecke eine Reihe von neuen Möglichkeiten, und viele davon werden dann tatsächlich in Realität umgesetzt.

Kreuzer: Der *Club of Rome* hat, nachdem er die große apokalyptische Vorhersage des Weltuntergangs an die Wand gemalt hat, bei seiner letzten Tagung ein Positivprogramm beschlossen. Und das läuft im Wesentlichen auf innovatives und partizipatorisches Lernen hinaus. Das ist im Wesentlichen das, was Sie sagen. Innovativ nämlich so zu lehren und zu lernen, dass man der sich überstürzenden Zukunft trotzdem voranbleibt.

Dichter: Also eine meiner Lieblingsideen ist die, dass zum Beispiel unsere Demokratie nie richtig funktionieren wird, wenn wir den Kindern nicht schon im Kindergarten beibringen, die kritischen Faktoren des demokratischen Lebens zu lernen, etwa Entscheidungen zu treffen. Wie kann man sich mit achtzehn Jahren an einer Wahl beteiligen, wenn man als Kind, als Jugendlicher nie gelernt hat, sich zu entscheiden. Der Jungwähler entscheidet sich dann auf vollkommen oberflächlicher Basis. Kann man das einem kleinen Kind beibringen? Kann man einem Kind einen Apfel oder eine Birne geben und fragen: Was willst du haben? Es gibt keine Kurse, in denen wir lernen, unsere Emotionen zu kontrollieren. Und das sind genau die Unzulänglichkeiten, die zu falsch gewählten Kandidaten führen, zu Kriegen, zu internationalen Schwierigkeiten. Das alles sind nichts anderes als Ego-Probleme.

Können wir von unseren Kindern lernen?

Kreuzer: Das Wichtigste an einer solchen Innovationstheorie ist natürlich die Frage Henne – Ei: Wie lehrt man die Kinder, in einer neuen Weise innovativ zu denken, wenn man nicht im Stande ist, die Lehrer in diese Richtung zu instruieren? Also: Wer soll hier wen lehren? Ist nicht eine der wesentlichsten Erkenntnisse, dass ein Rückkopplungsprozess notwendig ist, dass in einer Zeit wie dieser, die so viel Innovation verlangt, die Alten eigentlich bereit sein müssten, von den Kindern, von den Jungen zu lernen?

Dichter: Richtig. Das haben wir versucht. Und zwar haben wir versucht, die Rolle des Lehrers und der Kinder umzukehren. Die Kinder haben das Recht, in vier verschiedene Klassen zu gehen. In jeder Klasse wird derselbe Gegenstand unterrichtet. Sagen wir Geographie. Wenn ihnen der Lehrer Nr. 1 in der Klasse Nr. 1 nicht gefällt, was für die meisten Eltern entsetzlich klingt, haben die Kinder das Recht, aufzustehen und rauszugehen. Sie gehen in die Klasse Nr. 2. Der Lehrer sitzt plötzlich vor einer halb leeren Klasse. Und dasselbe kann natürlich auch dem Lehrer Nr. 2, Nr. 3 und Nr. 4 passieren. Wir haben für Lehrer Kurse eingerichtet, in denen man ihnen beibringt, wie man lehrt, nicht wie man einen bestimmten Gegenstand lehrt, sondern wie man die Aufmerksamkeit der Kinder wach hält, wie man die Kinder zum Selbstdenken anregt und die Kinder dazu zwingt, dem Lehrer Fragen zu stellen und seine Autorität zu bezweifeln.

Mir kommen hier ganz große philosophische Überlegungen: Autorität, wie sie von Politikern verwendet wird, von der Kirche, von allen möglichen Institutionen, ist außerordentlich gefährlich, weil sie den Menschen dazu bringt, nicht zu denken. Autorität verbleibt dem „Führer", wie immer er heißt. Das ist viel bequemer: Flucht vor der Freiheit. Wir müssen ganz unten anfangen: Zum Beispiel haben wir eine teilweise Lösung des Rassenproblems versucht. Wir haben für schwarze Kinder Kurse durchgeführt, wie man Selbstvertrauen gewinnt, wie man an sich glauben lernt. Die Fähigkeit kam nicht nur von den Lehrern, sondern auch von den Eltern der schwarzen Kinder. Sie sagten zuerst: Was ist das für ein Blödsinn! Er weiß nicht, wie viel zwei mal zwei ist, wozu geht er in die Schule? Er kommt nach Hause und erzählt mir, heute hat er drei Stunden lang gelernt, sich selber zu vertrauen. Wir haben dann mit Versicherungsgesellschaften für die Eltern Kalender erzeugt und verschenkt, in denen diese neue Philosophie verzapft wurde. Die schwarze Mutter, die den Kalender abreißt, erfährt nun: Bevor der kleine Charly Arithmetik lernen kann, muss er zunächst einmal glauben, dass er fähig ist, Arithmetik zu lernen. Vom Kalender her versteht das nur die Mutter – und daher versteht es auch Charly.

Die beste aller möglichen Welten

Kreuzer: Herr Doktor, Sie sind ja nicht nur Innovations- und Motivationsforscher, sondern neuerdings, hergeleitet aus der Innovationslehre, auch Zukunftsforscher. Weil Sie so überzeugt sind, dass Innovationen möglich sind, sind Sie auch einer der größten Optimisten unserer Zeit, der alle Apokalypsen negiert und ähnlich wie Ihr Kollege Kahn – er hat ja das Vorwort für Ihr neuestes Buch geschrieben – überzeugt ist, dass wir die beste aller Zeiten vor uns haben.

Dichter: Dazu ist notwendig, dass wir die Angst vor der Zukunft verlieren, dass wir an Probleme mit den Hilfsmitteln der modernen Wissenschaft herangehen, dass wir neu denken lernen. Wir müssen dabei ganz praktisch vorgehen. Wir haben vor einiger Zeit Studien durchgeführt: Wie kann man Menschen aus den Vororten wieder in das Zentrum der Stadt bringen? Ein typisch amerikanisches Problem, aber auch das Problem europäischer Städte. Wir haben dabei eine Stadt der Zukunft entworfen, in der zum Beispiel der ganze Verkehr unterirdisch verläuft, in der Sicherheit dadurch erzeugt wird, dass – fast im mittelalterlichen Sinn – Wohnviertel aus vier Blöcken konstruiert werden: Innerhalb des Blocks ist vollkommene Ruhe und kann Schutz entstehen. Wenn wir die Menschheitsentwicklung als eine gerade aufsteigende Linie sehen, werden wir immer wieder enttäuscht sein, denn es geht scheinbar Auf und Ab. Es geht aber nicht wirklich Auf und Ab, sondern es geht in Spiralen nach oben. Wir werden in der Zukunft mehr Individualität haben, wenn wir gegen die Massengesellschaft ankämpfen. Der Mensch ist plastisch, er kann sich adaptieren. Ich habe in einem kürzlich erschienenen Artikel vorgeschlagen, das Wort Inflation durch das Wort Adaptation zu ersetzen ...

Kreuzer: Sie gehen davon aus, dass etwas Gutes dran ist ...

Dichter: Die Schwellung einer Wunde ist etwas Gutes, auch wenn das der moderne Arzt nicht immer weiß. Der moderne Arzt will die Schwellung runterbringen, in Wirklichkeit sollte er aber die Schwellung mehr oder weniger ihren Lauf nehmen lassen, damit die Haut darunter heilen kann. Genauso wie Schmerz etwas Positives ist – er ist ein Signal.

Warum nicht? Ja, warum eigentlich nicht?

Kreuzer: Wenn ich Ihren Optimismus überdenke, frage ich mich: Leitet er sich aus der Überzeugung her, dass die Welt, wie sie ist, mit ihrem derzeitigen System – ich möchte es nicht Kapitalismus nennen, das wäre viel zu einfach, eher könnte man sagen: industrieorientierte, technisch orientierte Wachstumswelt – immer wieder reparierbar ist? Ist das die Hoffnung, oder gehen diese Innovationsnotwendigkeiten tiefer? Sind nicht Systemänderungen notwendig, wie sie heute in der Welt erörtert werden?

Dichter: Eine Systemänderung im Denken schon, aber nicht bloß politische Systemänderungen, die meiner Meinung nach nie tief genug gehen.

Kreuzer: Der Grundfehler ist, wie Sie sagen, die Erwartung des Paradieses, des glücklichen Endzustandes.

Dichter: Falsch sind Ideologien, die ein Ziel einfrieren, nötigenfalls durch Terror.

Kreuzer: Da sind Sie ein echter Revisionist: das Ziel ist nichts, der Weg ist alles. Die Unvollkommenheit ist eine Notwendigkeit.

Dichter: Ja, in dem Sinn, würde ich sagen, hätte ich wahrscheinlich mit Mao übereingestimmt, dass bei jeder Revolution die Gefahr besteht, dass sie sich irgendwann festläuft. Fast alle Revolutionen haben sich immer irgendwo festgelaufen. Ein Jesuitenpater hat ein Buch geschrieben, in dem er sagt, die amerikanische Revolution sei die einzige, die wirklich teilweise Erfolg gehabt hat. Aber auch sie ist der Gefahr, durch die Multis, die Monopole einzufrieren, ausgesetzt. Das Wichtigste scheint mir daher das Beibehalten, das Beleben der freien Wirtschaft zu sein. Dauernde Konkurrenz macht es notwendig, neu zu denken, jede Systematik neu zu untersuchen. Viele der großen Industrien, der Multis, sind gar nicht so teuflisch, wie wir sie beschreiben. Schon aus Konkurrenzgründen sind sie außerordentlich interessiert, neu zu denken. Sie sind durchaus fortschrittlich.

Kreuzer: Das allgemeine Rezept, das vielleicht hier, gegen Ende unseres Gesprächs, zu wiederholen ist, heißt doch: Immer neue Hypothesen finden und sie zu widerlegen versuchen, um sie durch immer neue Hypothesen zu ersetzen. Das ist der Kern Ihrer praktischen Innovationslehre.

Dichter: Bleiben wir praktisch: Ich habe für eine Reihe von Fluggesellschaften die Frage gestellt: Warum habt ihr eigentlich Gewichtsbeschränkungen? In Europa gibt es sie noch. In Amerika sind sie aufgehoben worden. Wir haben einmal statistisch nachgeforscht, wie viel es kostet, wenn die Koffer gewogen werden: Es kostet viel mehr, als was die Fluglinie für das Übergewicht einhebt. Daraufhin wurden mit einem Schlag – die Amerikaner sind da vielleicht besonders anpassungsfähig – alle Gewichtsbeschränkungen aufgehoben. Ich habe nachgeforscht, woher sie stammen. Sie stammen aus der Zeit des Pony-Express. Irgendein Beamter hat einmal festgestellt, wir müssen eine Grenze haben, und hat dann vierundvierzig Pfund, das war beim Pony-Express, eingeführt. Und die sind jetzt endlich weg.

Kreuzer: Da ist eine einfache Grundregel: Ehe man etwas erfinden kann, muss man vor allem etwas vergessen können, von etwas Abschied nehmen können, was es gibt. Das ist eine Grundvoraussetzung der Innovation.

Dichter: Man muss dumme Fragen stellen: Warum ist das eigentlich so? Woher kommt diese Gewichtsbeschränkung?

Kreuzer: *Why not?*

Dichter: Ja: Warum nicht?

Kreuzer: Wenn ich Sie richtig verstehe: Man muss vom Ziel Abstand nehmen, dass es einen definitiven Endzustand gibt, den man je erreichen könnte. Das ist eine Herausforderung, aber auch eine Hoffnung. Um auf unser biblisches Beispiel zurückzukommen: Jetzt, da der „Apfel ab" ist, da das erste Paradies hinter uns liegt, müssen wir die Welt so paradiesisch machen wie nur möglich: Wir müssen immer neue Äpfel pflanzen – und die Schlange muss sich immer wieder etwas einfallen lassen: die richtigen Wünsche finden, nötigenfalls erfinden, Wünsche, die uns weiterbringen.

Dichter: Ja, ja, das ist es.

Kreuzer: In diesem Sinne wiederhole ich den letzten Satz Ihrer Biographie – ich nehme an, Sie stehen nach wie vor zu ihm in Bezug auf Ihr eigenes Leben, wahrscheinlich auch in bezug auf die Menschheit: „Ich bin glücklich, sagen zu können, dass ich von einer tiefen Zufriedenheit erfüllt bin, die auf meiner kreativen Unzufriedenheit beruht." Empfehlen Sie das auch den Menschen der Welt in Zukunft?

Dichter: Ich würde sagen, ja.

„Rabbi Ernest"

Der Stratege im Reich der Wünsche
Ein Portrait

Thomas Cudlik/Christoph Steiner

Unternehmer und Marketingmanager, Werbe- und PR-Leute, Politberater und Wahlstrategen füllen Veranstaltungssäle, um seine Vorträge zu hören. Um auch persönlich von ihm beraten zu werden, geben sie sich die Klinke in die Hand – nicht in einem der üblichen Büros aus Plastik, Stahl und Glas in der Manhattaner Madison Avenue, sondern fünfzig Kilometer außerhalb von New York City, am Ende eines gewundenen schmalen Pfades, auf der Spitze eines Hügels am Hudson River, in seinem Hauptquartier, das einem mittelalterlichen Schloss gleicht.

Im Gefolge der Wirtschafts- und Politkarawane: Journalisten, die in Wirtschaftsblättern, Wissenschaftsmagazinen, Feuilletons und Büchern ausführlich über ihn berichten.

Seine Erkenntnisse und Strategien, die immer ein bisschen genialischer und publikumswirksamer sind als die der anderen, bringen ihm zahlreiche Ehrentitel ein: „König der Marktforscher" zum Beispiel, „Vater der Motivforschung" oder „Mister Mass Motivations Himself". Ein breites Publikum kennt ihn als den Mann, der „den Sex in die Werbung brachte", der den Begriff des „Image" erfand, der „den Tiger in den Tank" packte und der mit neuen wissenschaftlichen Methoden in das Innerste der Konsumentenwünsche vordringt.

Einige seiner Studien und Kampagnen werden zu Klassikern der Werbegeschichte und finden Eingang in die Lehrbücher, wie etwa der Sex des *Esquire*, die tiefere Bedeutung der „Ivory Soap", oder die Psychologie des Autokaufs. Seine eigenen Bücher avancieren zu Standardwerken (nicht nur) der Motivforschung, vor allem die *Strategie im Reich der Wünsche (The Strategy of Desire,* 1961) und das *Handbuch der Kaufmotive (Handbook of Consumer Motivations,* 1964).

Das *Who is Who in America* führt und zitiert ihn seit den 1950ern, die American Marketing Association ehrt ihn in ihrer „Hall of Fame", andere, allen voran Vance Packard im Weltbestseller *Die geheimen Verführer (The Hidden Persuaders,*

1957), dämonisieren ihn als den geheimen Meister-Verführer, der mit „furchtbaren Werkzeugen" wissenschaftlicher „Kriegskunst" die Menschen zu wehrlosen „Imago-Anbetern zurechtknetet", sie als Orwellscher Großer Werbebruder manipuliert und zu „Konsumäffchen" dressiert ...

Der Mann, der am Zenit seiner Karriere als Synonym für Motivforschung und Guru des Marketing gilt, ist – ein Österreicher.

Ernest Dichter, „Depth Boy": Profil eines Pioniers

Ernest Dichter ist einer der Tausenden jüdischen Österreicher, die vor dem geist- und menschentötenden Naziterror flüchten müssen, um anderswo zu (über-)leben und ihr Können, ihr Wissen, ihre Größe zu entfalten; unter ihnen, neben den vielen „namenlos" Gebliebenen, auch Nobelpreisträger wie Friedrich von Hayek, „Ikonen" wie Sigmund Freud, Genies wie Billy Wilder ... Ernest Dichter ist derjenige unter ihnen, dem es in den USA gelingt, zum weltweit bekanntesten Sozial- und Werbewissenschafter seiner Zeit aufzusteigen, zu einem ersten „Star" der Werbebranche und zu einem breitenwirksamen Wissenschafter und Pop-Intellektuellen (lange bevor dieser Begriff erfunden wird), der seine Spuren auch und vor allem außerhalb des akademischen Elfenbeinturms hinterlässt.

Eine steile Karriere, die in Dichters Fall nach einigem Anlauf in geradezu kometenhaftem Tempo vonstatten geht: Geboren, aufgewachsen und zum Psychologen ausgebildet in Wien, muss er 1937 Österreich verlassen, emigriert via Paris in die Vereinigten Staaten, beginnt dort im Alter von einunddreißig Jahren ein neues Leben als Pionier der Motivforschung und ist mit Mitte vierzig eine lebende Legende.

Wie es scheint, war Ernest Dichter der Erfolg in die Wiege gelegt ... War er das? Ja und nein.

Nein, wenn man den Weg Dichters *vor* dem großen Aufstieg betrachtet: Hier ist nicht von Ruhm, Mythos oder auch nur annähernd Ähnlichem die Rede, sondern – würde es nicht zu sehr nach dem Klischee des „vom Tellerwäscher zum Millionär" klingen – in hohem Maß von Entbehrung, Not und einige Zeit lang schlichtweg trostlosen Aussichten.

Durchaus in die Wiege gelegt scheint der Erfolg dagegen, wenn man Dichters Persönlichkeit betrachtet, denn diese findet vor allem in den USA nach dem Zweiten Weltkrieg ein ideales Spielfeld vor: pragmatischer Optimismus, Fortschrittsgeist, Visionen und psychoanalytisch geprägte Wissenschaft sind in diesen Aufbruchs- und Boom-Jahren gefragt wie nie zuvor. Dichter ist der richtige Mann zur richtigen Zeit am richtigen Ort.

Seine Emigration ist damit in mehrfacher Weise bedeutsame Zäsur, die neben allen negativen Folgen eines erzwungenen Emigrantenschicksals auch eine veritable Lebenschance eröffnet: Sie trennt eine „Lehrzeit" in Wien von einer Zeit der („logisch" darauf aufbauenden) Praxis in den USA; in Wien entwickelt Dichter seine Persönlichkeit und erwirbt ein Fähigkeiten- und Denkgebäude, für dessen Umsetzung ihm die neue Heimat das adäquate Umfeld bietet (wie es die alte wohl kaum gekonnt hätte).

Diese so „zukunftsträchtige" Persönlichkeit Dichters lässt sich bei aller Vielschichtigkeit in ihrem wesentlichen Kern vielleicht mit folgenden Eigenschaften am treffendsten charakterisieren: einer profunden inneren Unabhängigkeit, einem sehr stark ausgeprägten Pragmatismus und – was angesichts seines Guru-Status' zunächst überraschen mag – einer tief sitzenden Unsicherheit.

Deprivationen und Dispositionen – Die Krücke als Zepter

Dichters Unsicherheit ist biographisch unmittelbar auf die Lebensumstände seiner Kindheit und frühen Jugend zurückzuführen, die gekennzeichnet sind von Armut und existentieller Not. Als Ernst Dichter wird er 1907 in Wien als ältester von drei Söhnen in eine jüdische Familie polnischer und sudetendeutscher Einwanderer der Unterschicht geboren. Den Vater, einen reisenden Textil- und Kurzwarenhändler, beschreibt Dichter als „unbeschreiblich erfolglosen Verkäufer"[1]; die Familie macht folglich Zeiten des Hungers durch, nicht nur während des Ersten Weltkriegs, als der Vater in der österreichischen Armee dient. Noch viele Jahrzehnte später berichtet Dichter vom illegalen Tauschhandel, den die Mutter betreiben muss, um die Kinder vor dem Verhungern zu bewahren, was sie mehrmals ins Gefängnis bringt.[2]

Mit diesen bedrohlichen Erfahrungen setzt sich in Dichter das Gefühl existentieller Unsicherheit fest, das ihn noch als Dollar-Millionär in den 1950ern mit Existenzängsten plagt. Und dennoch ist diese Unsicherheit für Dichter nicht ausschließlich negativ besetzt – im Gegenteil: er bezeichnet sie als den „Schlüssel zum Erfolg"[3], zumal sie Grundlage einer Fähigkeit ist, ohne die seine Arbeit mit menschlichen Motiven nicht denkbar wäre: der Empathie. Denn genau diese bewährt sich später als unbedingte Voraussetzung für Dichters erfolgreiches „Freilegen" und „Bearbeiten" menschlicher Motive; und viel früher auch schon dafür, sich überhaupt mit Motiven und Psychologie zu beschäftigen. Den Anstoß dazu gibt nämlich eine „eigentlich dumme Tatsache"[4], Dichters rotes Haar. Dieses stempelt ihn zwar als Kind in Wien zum Außenseiter; das Leiden daran nutzt Dichter aber positiv, indem er über die (Selbst-)Beobachtung zur Psychologie, und damit gewissermaßen zu seiner Bestimmung findet. Dem Profil eines Pioniers der Motivforschung entsprechend, stellt Dichter rückblickend fest: „Eigentlich begann mein Interesse an Motiven schon in meiner Kindheit."[5]

Auch die für Dichter so entscheidende Unzufriedenheit und das daraus resultierende Streben nach einem besseren Leben, insgesamt: nach Höherem, sind Folge der frühen Erfahrungen der Armut; und wie schon seine Unsicherheit, weiß Dichter auch diese Unzufriedenheit positiv zu nutzen: Unzufriedenheit ist für ihn immer auch die Weigerung, sich mit dem Bestehenden und Althergebrachten zu begnügen, und damit Grundlage für Neuerung und Weiterentwicklung. Sie ist damit eine der wesentlichen Quellen von Kreativität und Innovation – Werte, die in Dichters Denken und Handeln einen zentralen Platz einnehmen, wie sich in den Motivstudien, Produktinnovationen und Werbestrategien, und nicht zuletzt auch in seiner Beschäftigung mit Zukunfts- und Trendforschung zeigt.

Aus dieser Unzufriedenheit entwickelt Dichter auch seine Lebensmaxime: Entgegen Jahrtausende währenden religiösen, philosophischen und politischen Verheißungen, ist er überzeugt davon, „dass wir in Wirklichkeit nicht aus dem erträumten oder biblischen Paradies herausgetrieben wurden und dorthin immer wieder zurückkehren wollen. Wenn wir ein wirkliches Paradies schaffen könnten, würde es wahrscheinlich der Hölle viel ähnlicher sein."

Dichters Definition von Glück ist eine andere, eine dynamische, die er „konstruktive oder kreative Unzufriedenheit" nennt: „Getting there is all the fun."[6] Nicht umsonst nennt Dichter seine Memoiren, *Motivforschung – mein Leben* (1977), im Untertitel „die Autobiographie eines kreativ Unzufriedenen".

Unabhängigkeit oder „… selber Vater werden"

Profunde innere Unabhängigkeit – dieses zweite wichtige Merkmal seiner Persönlichkeit findet bei Dichter eine ganz besondere Ausprägung: sie erlaubt ihm nicht nur, innovative Wege gegen alle möglichen Widerstände erfolgreich zu beschreiten; Dichter steigert seine Unabhängigkeit mitunter zu einer alles umfassenden Vaterrolle, letztlich zur Rolle eines Aufklärers, Missionars und sogar „Messias" ... Auch hierfür ist die Wiener Jugendzeit ausschlaggebend, konkret ein Vater-Sohn-Konflikt.

„Meine Mutter unterstützte mich immer in meinen Versuchen, von scheinbar unentrinnbaren proletarischen Umklammerungen loszukommen. Mein Vater war immer dagegen. (...) Seiner Meinung nach war meine von Gott vorgezeichnete Laufbahn, so rasch wie möglich Geld zu verdienen."[7]

Dichter erfüllt diese Forderung zunächst widerwillig, als er nach vier Jahren Gymnasium die Schule abbricht, um im Büro, dann als Verkäufer und Schaufensterdekorateur im Warenhaus seines Onkels zu arbeiten. Er holt aber später gegen den Willen des Vaters die Matura im zweiten Bildungsweg der Arbeitermittelschule nach. Und mehr noch: er beginnt 1930 zu studieren, zunächst Literatur und Romanistik in Wien (er will Journalist und Theaterkritiker werden), später auch – den Protest gegen den Vater noch „verschärfend" – vorübergehend an der Sorbonne in Paris (wo er auch endgültig auf Psychologie umsattelt).[8]

Was sich in diesem prägenden Konflikt schon sehr früh an Widerspruchsgeist und Konsequenz zeigt, wiederholt sich in Dichters (Berufs-)Leben immer wieder und ist nicht zuletzt eine der Voraussetzungen, die ihn zu einem „Vater der Motivforschung" macht. Schon sein Einstieg in die später ausschlaggebende Psychoanalyse ist beispielsweise ein Akt konsequenten Widerspruchsgeistes gegen akademischen Dogmatismus. Und auch die Beziehung zu Arbeitgebern ist von Oppositionshaltung aus Überzeugung geprägt, vor allem dann, wenn Dichter erfolgreich gegen alle Zweifel und Vorbehalte seiner statistikorientierten Vorgesetzten in amerikanischen Marktforschungsinstituten auf seinen neuen, psychologischen Methoden beharrt[9]. Konsequenterweise führt diese überzeugte Haltung Dichters später auch zur Gründung des eigenen Motivforschungsinstituts.

Die Disposition zum „Anti" macht sich für Dichter aber nicht nur aus profanen Karrieregründen bezahlt, sie bereitet auch die Ablehnung und Vermeidung jeglicher Dogmen vor – sei es hinsichtlich wissenschaftlicher Methoden, sei es hinsichtlich gesellschaftlicher Konventionen und traditioneller Ansichten; sie öffnet damit auch neue Blickwinkel und neue Herangehensweisen an Probleme der Marktforschung und des Marketing, was Dichters Bedeutung letztlich ausmacht.

Dem Vater-Sohn-Konflikt entspringt neben dieser „Anti"-Haltung auch die Disposition zum aufklärerischen Paternalismus: „Ich hatte nie einen Vater, den ich bewundern, zu dem ich aufblicken und auf den ich mich verlassen konnte. Deshalb gab es für mich nur die Lösung, selber einer zu werden"[10] – und diese Rolle nimmt Dichter mehrfach ein: zunächst in seiner Familie, in der er in Abwesenheit des reisenden Vaters den Platz des Familienoberhaupts einnimmt und schon als Vierzehnjähriger zum Familieneinkommen beiträgt[11]; später in seinem Beruf: „Als Berater von vielen Konzernen und als Motivforscher hat man immer von mir erwartet, dass ich zu Antworten und Lösungen von Problemen nicht nur bereit, sondern auch fähig war."[12]

Auch hier zeigt sich Dichters Gabe, aus der Not eine Tugend zu machen, in diesem Fall aus aufgezwungener Verantwortung (für die Familie) eine Unique Selling Proposition. Eine USP, die sich nicht nur in der praktischen Arbeit zeigt, sondern auch in Dichters theoretischen Ansprüchen, wonach Motivforschung nicht nur kommerziellen Zielen dienen sollte, sondern mindestens ebenso sehr auch politischen, sozialen und gesellschaftlichen – ein Anspruch, der sich in Dichters Arbeit widerspiegelt, wenn er neben kommerziellen, gut bezahlten „B-Projekten" auch pro bono „A-Projekte" durchführt, die sich mit sozialen, altruistischen Anliegen befassen: zum Beispiel mit innovativen Bildungs- und Erziehungsprogrammen oder damit, für Care und SOS-Kinderdörfer die Spendenfreudigkeit in den USA zu erhöhen[13]. In letzter Konsequenz träumt Dichter erklärtermaßen sogar von nicht weniger, als auf diese Weise zur Lösung der wichtigsten Menschheitsprobleme beitragen zu können, und so, „sehr schlicht gesagt, der Messias in moderner Auflage (zu) sein"[14] …

Pragmatismus oder Die Heimat fern dem Elfenbeinturm

Abseits allen Messianismus' ist Dichters Erfolg zunächst natürlich der des psychologischen Forschers, der seine Erkenntnisse auf die Praxis anzuwenden versteht: „Er verhielt sich zu den Theoretikern der Wiener Psychologischen Schule wie Edison zu Galvani: Er feierte Triumphe der praktischen Anwendung" (Franz Kreuzer).

Dichters Haltung ist die des Pragmatikers und nicht zuletzt auch die des ethisch orientierten Wissenschaftskritikers; eine Haltung, die in seiner Selbstbeschreibung deutlich wird, wenn er feststellt: „Ich habe immer versucht, pragmatisch in meinen Arbeiten und Studien zu sein. Ich halte nichts davon, in einem Elfenbeinturm zu bleiben und Forschung zu betreiben, ohne sich Sorgen darüber zu machen, wie die Resultate verwendet werden."[15] Dieser sozusagen charakteristische Pragmatismus Dichters wird durch die wirtschaftliche und politische Situation der 1930er-Jahre in Wien weiter verfestigt. Denn nicht nur die auch unter Akademikern herrschende Arbeitslosigkeit wird für ihn als jungen Doktor der Psychologie, zu dem er im Bürgerkriegsjahr 1934 promoviert, zum Problem; es ist natürlich vor allem die Politik, die für ihn die wirtschaftliche Krise noch zusätzlich und lebensgefährlich verschärft: „Hitler war schon an der Macht in Deutschland, und die Möglichkeiten für einen jüdischen Doktoranden waren nicht sehr groß."[16] (Tatsächlich gerät Dichter 1936 für vier Wochen in Untersuchungshaft, allerdings aus parteipolitischen Gründen: Als Mitarbeiter der bei den Austrofaschisten ungeliebten Wirtschaftspsychologischen Forschungsstelle wird er fälschlicherweise der verbotenen Mitarbeit im sozialistischen Untergrund verdächtigt.[17])

Aus innerer Überzeugung und auf Grund äußerer Zwänge verlässt Dichter den „Elfenbeinturm" der Akademie und macht mit der Eröffnung einer psychoanalytischen Praxis und als Berufsberater erstmals den Schritt in die berufliche Selbstständigkeit; in dieser Zeit erscheinen auch seine ersten Veröffentlichungen: populärwissenschaftliche Artikel zur Arbeitswelt. Wissenschaftliche Forschung im engeren Sinn betreibt Dichter dennoch weiter, und zwar in einer Art von „Beschäftigungsprogramm" für arbeitslose Akademiker: in Paul Lazarsfelds zuvor erwähnter Wirtschaftspsychologischer Forschungsstelle.

Wiener Lehrjahre

Mit dem Namen Lazarsfeld sind schon Dichters Wiener Lehrer angesprochen, unter denen sich einige der ganz großen Namen österreichischer und europäischer Geistesgeschichte finden, „letzte Vertreter" der intellektuellen Blütezeit Wiens und damit Persönlichkeiten, über die Dichter als Student noch an dieser unvergleichlich fruchtbaren geistigen Atmosphäre des „Wien um 1900" teilhat (eine Atmosphäre und Inhalte, die er übernimmt und gewissermaßen in die USA „exportiert", um sie letztlich wieder – wenn auch nur symbolisch – in ein intellektuell ausgedörrtes Post-Nazi- und Nachkriegs-Österreich zu „re-importieren"):

So ist etwa Paul F. Lazarsfeld (1901–1976), seit seiner bahnbrechenden Studie über *Die Arbeitslosen von Marienthal* (1933) Soziologe von Weltrang, gewissermaßen Dichters Lehrer des wissenschaftlichen Handwerks, sowohl in der Theorie, als auch in der Praxis. Neben Statistik vermittelt er Dichter – den er als „einen seiner zwei erfolgreichsten Schüler" bezeichnet[18] – vor allem den Wert eines umfassenden Methodeneklektizismus abseits weit verbreiteten wissenschaftlichen Schrebergartendenkens von quantitativer *versus* qualitativer Forschung. Ein breiter Horizont, den Lazarsfeld nicht nur in der Marienthal-Studie, sondern auch in den Marktstudien seiner Wirtschaftspsychologischen Forschungsstelle pflegt: Hier entstehen die weltweit fortschrittlichsten Marktstudien der 1930er-Jahre, basierend auf Tiefeninterviews und deren sowohl statistischer wie auch interdisziplinär-qualitativer Auswertung, unter anderem nach soziologischen, psychologischen und auch psychoanalytischen Theorien. Den wissenschaftlichen Ergebnissen sämtlicher Studien sind darüber hinaus praktische Empfehlungen und konkrete Strategien für Marketing und Werbung angeschlossen ... Die überdeutliche Parallele zu Dichters (späterer) eigener Praxis ist kein Zufall; vielmehr liegen genau in diesen Studien, die unter Dichters Mitarbeit entstehen, die Anfänge einer Motivforschung, wie er sie später in den USA zu Weltbedeutung führt.

Eine der wichtigsten Bezugspersonen an der Universität ist für Dichter auch Charlotte Bühler (1893–1974), Begründerin der „Wiener Schule" der Entwicklungspsychologie, und – gemeinsam mit Viktor Frankl und Carl Rogers – der „Humanistischen Psychologie" (neben Psychoanalyse und Behaviorismus die so genannte „Dritte Kraft" in der Psychologie). Auf ihre Arbeit in der Lebenslaufforschung ist schon Dichters Dissertation, *Die Selbstbeurteilung der eigenen Fähigkeiten und Leistungen* (1934), ausgerichtet, für die er – bereits dem Lazarsfeld-geschulten Methodeneklektizismus entsprechend – narrative Interviews durchführt, die er qualitativ und quantitativ auswertet.

Auch Karl Bühler (1879–1963; der „größere" Professor unter den beiden Bühlers), einer der großen Sprachtheoretiker, ist wichtiger Lehrer Dichters, in Lehrveranstaltungen zur Sprachtheorie, aber auch in seinen berühmten Kolloquien, in denen Dichter mit den bedeutendsten Psychologen seiner Zeit in persönlichen Kontakt kommt.

Der wichtigste unter seinen Lehrern, der „einen großen Einfluss auf mein Leben ausübte"[19], ist aber Moritz Schlick (1882–1936), einer der großen Physiker und Philosophen, Schüler Max Plancks und ab 1922 – nach Ernst Mach und Ludwig Boltzmann – Inhaber des Lehrstuhls für Philosophie der induktiven Wissenschaften an der Universität Wien, Begründer des logischen Empirismus und oberster Protagonist des berühmten Wiener Kreises (dem Persönlichkeiten wie der Mathematiker Hans Hahn, der Philosoph Rudolf Carnap oder der Soziologe Otto Neurath angehören, mit dem auch Ludwig Wittgenstein und – als Antagonist – Karl Popper in Kontakt stehen[19a]). Wenn Dichter immer wieder feststellt, er habe „in Wien Denken gelernt", dann ist vor allen anderen Schlick gemeint, in dessen Philosophievorlesungen und Seminaren zu Ethik, Logik und Erkenntnistheorie Dichter während seiner Wiener Studienzeit am häufigsten anzutreffen ist. Dort lernt er kompromisslos-analytisches Denken, das Stellen der „großen Fragen" – eine Schule des Denkens, die Dichters spätere Arbeit puncto Einsicht und Kreativität in größtmöglichem Maß prägt.

Große Lehrer findet Dichter allerdings nicht nur an der Universität, sondern auch in jener Disziplin, die ihm in den USA zahlreiche Türen öffnen wird: der Psychoanalyse.

Die Psychoanalyse und das „‚Es' im dritten Ohr"

Zu ihr kommt Dichter in gewisser Weise „illegal", dank seiner immanenten Oppositionshaltung: „Psychoanalyse war damals in Wien ein aufregendes Thema. Es gab zwar alle möglichen Vorträge und Diskussionen, an der Hochschule war Psychoanalyse aber verpönt. Als Psychologiestudenten durften wir nicht Psychoanalyse studieren."[20] Das Verbot ist Dichter Ansporn (der sich sogar in seiner Dissertation als ebenso „apokryphes" wie nonchalantes Plädoyer für die Psychoanalyse findet[21]) – und seine „heimlichen" Lehrer der Psychoanalyse sind von allergrößtem Renommée:

Bei Alfred Adler (1870–1937), dem Begründer der Individualpsychologie (der so genannten Zweiten Wiener Schule moderner Tiefenpsychologie), hört Dichter wichtige Vorlesungen, die seine psychoanalytische Kenntnis fundieren. Bei Wilhelm Stekel (1868–1940), einem der profiliertesten Wiener Psychoanalytiker und mit Adler Herausgeber des *Zentralblatts für Psychoanalyse,* absolviert Dichter mehrere Kurse; Stekel ist es auch, der ihm nach Eröffnung der psychoanalytischen Praxis 1934 die ersten Patienten vermittelt. Durch die Mitarbeit bei August Aichhorn (1878–1949) schließlich, dem Begründer der psychoanalytischen Pädagogik, sammelt Dichter schon als Student praktische Erfahrung – und findet zugleich einen kongenialen Mentor: Aichhorn wird als unablässig suchender „Lehrer", als leidenschaftlicher und „spielerischer" Praktiker beschrieben, als überaus genussfähig, Feind frömmelnder Engstirnigkeit und allen Konformismus', immer darauf aus, Menschen zu innerer Freiheit zu führen – eine Beschreibung, die voll und ganz auch auf Dichter zutrifft.

Die Psychoanalyse prägt Dichter nachhaltig: Sie formt seine Suche nach den verborgenen Motiven und Gefühlen, überhaupt die Ausrichtung auf das Unbewusste und Irrationale – denn „das Rationale ist ein Fetisch des zwanzigsten Jahrhunderts"[22] –, sowohl theoretisch wie praktisch: Freuds lustbetontes „Es", rationales „Ich" und moralisches „Über-Ich" werden Dichter zur Forschungsanleitung, psychoanalytische Methodik zur Praxis: „Was ich wirklich während meiner psychotherapeutischen Praxis in Wien und auch in Amerika lernte, war, mit dem ‚Dritten Ohr', wie Theodor Reik es genannt hatte, zu hören. (…) Man kombiniert das Zuhören mit dem Beobachten und der Registrierung des eigenen psychologischen Seismographen."[23]

Die Psychoanalyse ist vor allem auch Dichters Ticket zu Ansehen, Aufträgen und schließlich Ruhm in den USA, denn sie ist die psychologische Königsdisziplin in den Jahren des amerikanischen Wirtschaftswunders, Sigmund Freuds Reputation wird damals nur von jener Albert Einsteins übertroffen – was Dichter (im Gegensatz etwa zu Karl Bühler) auch erkennt und nutzt.[24]

Ernest Dichter, „Depth Boy" – Der Aufstieg

Dichters Betonung seiner psychoanalytischen Ausrichtung – griffig verpackt in die Chiffre seiner Wiener Wohnadresse, Berggasse 20 (vis-à-vis Sigmund Freuds Adresse Berggasse 19)[25], und die Selbststilisierung des „depth boy" als Konterpart konventioneller „nose counters" – erweist sich daher als genialer Schachzug: Zwar ist psychologische, in die Tiefe gehende Marktforschung durch Größen wie Paul Lazarsfeld (auch er Auslandsösterreicher in den USA) und den Gestaltpsychologen Kurt Lewin als Ergänzung zu den beinahe monopolartig betriebenen statistischen Methoden schon einigermaßen bekannt, wie überhaupt besonders nach dem Zweiten Weltkrieg ein Boom der Sozialwissenschaften festzustellen ist, denen revolutionär neue Einsichten in das menschliche Verhalten zugeschrieben werden. Dennoch handelt es sich 1938, als Dichter in die USA kommt, noch um eine kleine Marktnische, die ihr Terrain erst noch zu erkämpfen hat.

Dichter, mittelloser Immigrant, als der er ankommt, muss sich zunächst jedoch um das nahe Liegendste kümmern: er muss Geld verdienen. Das tut er in einem ersten Schritt nolens volens mit für ihn unbefriedigenden „konventionellen", also: statistischen Marktstudien, als angestellter Mitarbeiter verschiedener New Yorker Marktforschungsinstitute und Werbeagenturen. Mit unkonventionellen Methoden[26] versucht er allerdings von Beginn an, sich und seine neue Art der Marktforschung anzubieten. Schon 1939 erhält er seinen ersten Beraterauftrag, und zwar vom Magazin *Esquire*, das sich tatsächlich ratlos zeigt, wie seine USP des Erotikons in puritanischen Zeiten geschäftlich zu nutzen wäre …[27] Und noch im selben Jahr erhält Dichter über Vermittlung Paul Lazarsfelds – wiewohl dieser Dichter in Kenntnis der Zahlenverliebtheit amerikanischer Geschäftsleute von „weicher", psychologischer Marktforschung abrät – auch seinen ersten wichtigen Forschungsauftrag: für die „Ivory Soap" von Procter & Gamble.

Bereits in dieser ersten Studie demonstriert Dichter, was er anschließend Jahrzehnte hindurch höchst erfolgreich praktizieren wird; und schon hier kreiert er einen Begriff, der heute Allgemeingut ist: das „Image".

Die „Ivory Soap"-Studie ist einer der ersten Fälle, in denen Motivforschung kommerziell angewandt wird: An die Frage, wie der Verkauf von Seife gesteigert werden kann, geht Dichter umfassend und psychoanalytisch heran, indem er nicht konkret nach einer bestimmten Seife fragt, sondern nach Erfahrungen mit Seife ganz allgemein und nach der grundsätzlichen Bedeutung des Bades. Das Ergebnis aus Hunderten narrativen Interviews ergibt, dass das Bad nicht nur auf „alles" vorbereitende Ouvertüre des Rendezvous' ist („You never can tell ..."), sondern vor allem das damals übliche Samstagabendbad als wichtiges Ritual der physischen, aber auch der moralischen Reinigung empfunden wird, dass die Dusche im puritanischen Amerika außerdem die einzige „erlaubte" Möglichkeit der Selbstentblößung und -berührung darstellt ... Was das Produkt selbst angeht, wird klar, dass der Kauf selten auf Grund eines einzigen Aspekts erfolgt – „vor Dichter" wird allzu oft nur das Preisargument getrommelt –, sondern auf Grund einer komplexen Kombination von Eigenschaften wie Aufmachung, Schaumigkeit, Farbe, Form, Duft etc. – und eben *auch* dem Preis. In der konkreten Umsetzung seiner damals in dieser Form neuartigen Ergebnisse spricht Dichter die tieferen Bedeutungen des Bades an, zum Beispiel im damals höchst erfolgreichen Slogan: „Be smart and get a fresh start with Ivory Soap".[28]

Von ungleich zeitloserer Bedeutung ist allerdings eine Meta-Erkenntnis aus diesen Ergebnissen: Um die Komplexität, die Aura, die Persönlichkeit von Produkten in einen Terminus zu fassen, entlehnt Dichter der Gestaltpsychologie das lateinische Wort für „Bild", „was keine große Genialität erforderte – ich suchte einfach nach einer Übersetzung des deutschen Wortes Gestalt, Konfiguration, Totalität, Melodie. Die Gestaltpsychologie hat uns schon seit langem gelehrt, dass die Melodie mehr ist als bloß Noten."[29] Das lateinische „imago" der Gestaltpsychologie wird durch Dichter zum globalen Begriff der Alltagssprache: Das „Image" erhält schon bei seiner „Erfindung" 1939 von Dichter seine bis heute unverändert gültige Bedeutung: „Meine Absicht war, den Werbungtreibenden zu erinnern, dass nach den vielstelligen finanziellen Aufwendungen für Werbung, Absatzförderung und Merchandising sein einziger Erfolgsmaßstab ist, ob er für Marke und Produkt den Eindruck des Einmaligen und der Persönlichkeit schaffen konnte. Ist ihm das nicht gelungen, dann hat sein Werbeprogramm insgesamt versagt. (...) Bei den meisten Menschen ist der wahre Kaufgrund das Gefühl, die Ware passe zu ihnen, sie stehe ihnen zu, sie stimme mit der eigenen Persönlichkeit überein."[30]

Als „Mister Image" wird Dichter noch im selben Jahr, 1939, von der Chrysler Corporation engagiert, um für das neue Modell des „Plymouth" herauszufinden, warum Autobesitzer allzu häufig beim selben Automodell bleiben und welchen Einfluss Frauen auf den Autokauf ausüben.[31] Aus den Tiefeninterviews dieser Studie destilliert Dichter eine Psychologie des Autokaufs, in der er zuvor nur latent, un- oder halb Bewusstes erstmals in Worte fasst: Unter anderem definiert er etwa das Auto explizit als Statussymbol, das als emotionales Produkt mit eigener Persönlichkeit empfunden wird (dem man „treu bleiben will"); er formuliert den Stellenwert des Autos als Symbol der Jugend und Freiheit (mit dem Cabrio als automobilem Idealtypus, das zwar selten gekauft wird, aber als Maßstab und Traumvorstellung dient, als symbolische „junge Geliebte", die anlockt, um die „verlässliche Ehefrau", das Familienauto – Dichters Termini –, an den Mann zu bringen); er entdeckt Details wie den satten Klang einer Autotür als „solides" Kaufargument (mittlerweile ist das Auto-Sounddesign ein Milliardengeschäft); er beschreibt den psychologischen Einfluss der Ehefrau beim Autokauf (die als „Wächterin über Haushaltsetats" und „moralische Instanz" der Familie finanzen-, aber auch mode- und erscheinungsbewusst mitentscheidet); er stellt auch die psychologische Relation zwischen Auto und Lebensgeschichte her (das jeweilige Auto als „Meilenstein" der persönlichen Entwicklung und Karriere).

Auch diese Ergebnisse münden direkt in die Werbekampagnen: Dichter stellt vermehrt Cabrios in die Schauräume; Anzeigen fragen „Still remember …?" neben dem Photo einer „alten Schaluppe", als Anspielung auf die oftmals verklärte Jugenderinnerung des ersten Autos; „I can drive where ever I wish to …" ist die Umsetzung des Freiheitssymbols, „My car fits me like a glove …" Sujet für das Auto als „ideal passender und persönlicher Wegbegleiter" für Frauen (eine Kampagne, die zum ersten Mal überhaupt in Frauenzeitschriften für Autos wirbt – mit promptem Erfolg).

Auch wenn manche Ergebnisse dieser Studie heute banal scheinen mögen oder teilweise überholt sind, 1939/40 sind sie neu und zutreffend – und sie gelten als bahnbrechend: Die „Plymouth"-Studie sorgt in den USA und Europa für Aufsehen, sowohl in der Werbebranche, als auch beim breiten Publikum; sogar *Time* bringt eine ausführliche Story über Dichter – unter dem euphorischen Titel: „Wiener Psychologe entdeckt Goldmine für Chrysler Corporation".

„König der Marktforscher"

Mit der „Plymouth"-Studie ist die Kugel sozusagen aus dem Lauf, hier beginnt 1940 der steile Aufstieg Dichters: Er ist ab jetzt gefragter Gast bei Diskussionen, wird für Vorträge engagiert, schreibt zahlreiche Artikel; Aufträge für Motivstudien stellen sich ein. 1943 geht Dichter zwar noch als Programmpsychologe zum Network CBS, wo er unter anderem amerikanische Gegenpropaganda auf Basis von Hitler-Reden maßschneidert, hauptsächlich aber TV- und Radioprogramme analysiert (und mit einer Studie über Soap-Operas neuerlich prominent von sich Reden macht); Auftragssituation, Bekanntheitsgrad und der Wunsch nach freier Hand in seiner Arbeit führen aber erneut zum Schritt in berufliche Selbstständigkeit:

1946 gründet Dichter sein eigenes Consulting- und Motivforschungsinstitut, zunächst noch als „Institute in Mass Motivations". Mit diesem übersiedelt er sehr bald vom konventionellen Manhattan in besagtes „Schloss" auf dem Hügel von Croton-on-Hudson bei New York[31a] und gibt ihm seinen neuen, Jahrzehnte hindurch klingenden Namen: „Institute for Motivational Research" (dem im Laufe der Zeit zahlreiche Partnerinstitute folgen, u. a. in Barcelona, Frankfurt, London, München, Panama, Paris, Tokio, Zürich und Wien). Ebenso klingend sind auch die Namen seiner Auftraggeber: neben vielen anderen Esso, American Airlines, DuPont, Johnson & Johnson, Unilever, Siemens und die Lufthansa; große Werbeagenturen wie Young & Rubicam haben Jahresverträge mit dem Dichter-Institut; Dichter selbst ist in den 1950ern zeitweilig sogar Berater der US-Regierung (und in Österreich berät er später sowohl die ÖVP als auch Bruno Kreisky in verschiedenen Wahlkämpfen). In zahlreichen Fachverbänden (Psychologie, Soziologie, Marketing) ist er prominentes Mitglied, geehrt in der „Hall of Fame" der American Marketing Association; er ist auch Vortragender an amerikanischen Hochschulen, und in Israel Professor für Verhaltensforschung an der Universität von Haifa ...

Der Status Dichters als „König der Marktforscher" und „Vater der Motivforschung" ist allerdings nicht allein auf seine mehreren tausend Studien zurückzuführen, mit denen er die psychologische Motivforschung popularisiert und sie als anerkannten Wissenschaftszweig wie auch als Methode der Marktforschung weltweit etabliert. Seine Karriere könnte vor allem auch eine exemplarische Fallstudie abgeben zur Frage: wie kreiert man ein Image?

Dichters Strategie in eigener Sache funktioniert hervorragend: Obwohl die Ergebnisse von Marktstudien üblicherweise nur dem jeweiligen Auftraggeber zugänglich sind, gelingt es ihm, herausragende Ergebnisse und seine gelegentlich phantastisch anmutenden[32], immer aber faszinierenden und unterhaltsam präsentierten Interpretationen in Vorträgen, Interviews, Artikeln und Büchern einem breiten Publikum zugänglich zu machen und zu „verkaufen" (Esprit, Originalität und Wiener Charme bringen ihm das Epitheton „Ernesto Poeta" ein) – die effizienteste und von Konkurrenten natürlich heftigst kritisierte Art der Kundenakquisition. Darüber noch hinaus, strickt Dichter auch selbst am Mythos des „Werbe-Guru" und „Marketing-Messias" eifrig mit: Als psychoanalytischer „depth boy" versus die „oberflächlichen nose counters" verspricht Dichter nicht unplakativ, in den verborgenen „Eisberg" unbewusster Motive vordringen zu können, in dem zwei Drittel aller relevanten Motivationen zu finden sind. Nicht nur im wichtigen *Journal of Marketing* verspricht er Werbern genau das, wonach sie unablässig (und gelegentlich verzweifelt) suchen: „the mobilization and manipulation of human needs as they exist in the consumer".[33]

Kein Guru natürlich ohne Kritiker: Diese – konkurrierende Wissenschafter wie Consulter – werfen ihm auf Grund seiner Interpretationen gerne Übertreibung, „Sciencefiction" und Märchenhaftigkeit vor; seine Methoden (die im Übrigen ja gar nicht so neu seien, wie er immer behaupte) seien unwissenschaftlich; insbesondere seine Tiefeninterviews seien eine oberflächliche Anwendung von Methoden, die für die klinische Praxis entwickelt wurden, und darüber hinaus noch unzulässig auf Grund von Dichters kleinen Samples. Werbekritiker und andere Bedenkenträger werfen ihm in den boomenden Anfangsjahren des neuen Konsumismus der 1950er – besonders in den Verschwörungstheorien liebenden Jahren der McCarthy-Ära – die Rolle des diabolischen und materialistischen Verführers und Manipulators vor.

Kritiker verschiedener Richtungen haben also ihren Lieblingsfeind, Journalisten und Publikum sind von seinen Statements fasziniert, und seine Auftraggeber profitieren von seinen Studien und Strategievorschlägen. Dichter ist damit – nicht zuletzt auf Grund des Öls, das er psychologisch gekonnt immer wieder selber ins Feuer gießt – gut zweieinhalb Jahrzehnte hindurch, vor allem in den 1950er-Jahren, „der Blütezeit der Ära von Freud, Jung, Adler, Reik & Reich, in der jeder seinen Analytiker hatte oder Ernest Dichter zitierte" (Tom Wolfe) ein „Star", dessen Name zum Synonym für Motivforschung wird, als Qualitätszertifikat und Werbeargument dient (für ihn selbst wie für seine Auftraggeber), und zeitweise sogar sprichwörtlich verwendet wird.

Was hat es nun tatsächlich auf sich mit diesem „Verführer", der doch überzeugen will? Wie sieht das „furchtbare Kriegswerkzeug" (Vance Packard) aus, auf dem Dichters Image beruht? Kurzum: Was genau ist seine „Strategie im Reich der Wünsche"? Und worin liegt überhaupt seine „Erfindung"?

Ernest Dichter, „Guru": Strategie im Reich der Wünsche

Natürlich ist auch in den 1930er/40er-Jahren die Beschäftigung mit Motiven und menschlichem Verhalten – ein menschliches „Projekt" seit Urzeiten – keinerlei neue Idee.

Neu ist damals allerdings, moderne psychologische und psychoanalytische Ideen darauf zu verwenden, Menschen nicht nur zu verstehen, sondern sie auch strategisch zu beeinflussen – eine „Erfindung", an deren Beginn Ernest Dichter steht, der qualitative Motivforschung in den Rang einer anerkannten Wissenschaft hebt und Wege ihrer konkreten Anwendung vorexerziert: „Strategie im Reich der Wünsche" eben.

Ohne alle Grundsätze und Prinzipien dieser Strategie in ein konsistentes System gebracht zu haben – was seiner höchst kritischen Einstellung zur „grauen Theorie" vollkommen entspricht –, hat Dichter doch eine gewisse Form von wissenschaftlicher Haltung formuliert, die er das „neue psychologische" oder „Motivations-Denken" nennt. Das Fundament dieses Denkens ist erwartungsgemäß ein psychoanalytisch geprägtes:

Der Blick hinter die Maske der Verhaltensweisen

„Bei der praktischen Erforschung menschlicher Motivationen halten wir es für unsere Pflicht, fundamentale Einblicke zu tun und ohne Furcht oder Entrüstung die Tatsache anzuerkennen, dass eine stattliche Anzahl von Motivationen irrational, unbewusst und den Menschen selbst unbekannt ist."[34]

In diesem psychoanalytischen Credo vereint Dichter Humanismus, Motivforschung und Pragmatik: Indem er zum „Prinzip fundamentaler Einblicke" erhebt, den Menschen illusionslos mit all seinen Stärken aber auch Unzulänglichkeiten zu akzeptieren, befreit er gewissermaßen das „Es" von allzu großen Zwängen der Ratio, befreit legitimen Hedonismus von Rationalisierungen und Verdrängungen des „vernünftigen Ich" und „moralischen Über-Ich". Aufgabe seiner Motivforschung ist daher naturgemäß, tief liegende Bedürfnisse und Wünsche, Ängste und Vorurteile, Gelüste und Hemmungen aufzudecken und anschließend strategisch auf sie einzugehen – zum Nutzen sowohl von psychologische Befriedigung suchenden Rezipienten wie zielorientierten Kommunikatoren (also Konsumenten wie Verkäufern, Bürgern/Wählern wie Politikern). Durch sein Misstrauen gegenüber wohlklingenden Scheinmotiven und dem „Fetisch des Rationalen" kann Dichter etwa – um nur ein Beispiel von vielen zu nennen – erkennen und akzeptieren, dass der Wunsch nach löffelfertiger Babynahrung mehr auf Bequemlichkeit als auf Mutterliebe beruht[35] – und kann diese Erkenntnis für beide Seiten nützen, indem er den vertrauten Schein umsatzfördernd unterläuft, zugleich aber subtil Sicherheit anbietet: er spricht im Produktdesign und in der Werbekampagne das wahre Motiv an (Bequemlichkeit dank Instant-Babynahrung), erteilt zugleich aber Absolution (das notwendige Anrühren mit Wasser oder Verfeinern mit Milch bleibt Aufgabe der

„weiterhin selbstlos liebenden" Mutter). – Dichter ersetzt auf diese Weise sozusagen das gebieterische Diktat durch empathische Kommunikation.

Betont er hier zunächst ganz grundsätzlich die Bedeutung tiefer, psychologischer Bedürfnisse und Motivationen, so betont er in seinem zweiten, dem „dynamischen Prinzip", deren permanente Veränderung und Entwicklung. Die gesamte Gesellschaft wie jeder Einzelne sind flexibel und „im Fluss" – eine altbekannte Tatsache, die Dichter in der Praxis verwirklicht sehen will, zum Beispiel in der Erweiterung eindimensionaler Zahlenerhebung: Anders als die gängige Praxis der „nose counters" der 1940er, starre soziodemographische Daten zu sammeln, nimmt Dichter schon damals aussagekräftige dynamische Aspekte (Tendenzen, subjektive Zuschreibungen der Befragten etc.) in seine Fragebögen auf. Der üblichen Frage nach der Einkommenshöhe zur Zielgruppendefinition schließt er etwa die Fragen an, ob das Einkommen zuletzt gestiegen, gesunken oder stabil geblieben ist, wie es um die Zufriedenheit mit dem Einkommen steht und Ähnliches mehr. (Der damals neue Zugang ist heute selbstverständlich: Kategorien wie Lebenszyklen, -ziele, -stile und Werthaltungen, Persönlichkeitsmerkmale oder soziale Milieus finden sich in der Marktforschung mittlerweile in den verschiedensten Formen und Gewichtungen.) Dichters Motivforschung geht auch hier sehr früh den Weg, den Menschen holistisch zu betrachten und anzusprechen.

Neben dem psychoanalytisch inspirierten „Blick hinter die Maske der Verhaltensweisen" sind es die philosophisch inspirierten „großen Fragen", die Dichters Forschung ausmachen. Hier wandelt er auf den Spuren Moritz Schlicks, der ihn lehrte, „naiv und fundamental zu fragen. (…) Wir verbrachten oft wochenlange Seminare damit, zu lernen, wie man grundlegende Fragen stellt"[36] – eine Lehre, die Dichters Arbeit in höchstem Maße prägt und sich in seinem dritten, dem „funktionalen Prinzip", zeigt:

Dichter geht es darum, „engstirnige, atomistische, naive Annäherungsversuche zu vermeiden und sich die Zeit zu nehmen, das Phänomen, mit dem wir uns befassen, voll und ganz zu verstehen, es in seiner ganzen *Gestalt,* in seinem ganzen Bereich zu sehen."[37] Dafür geht er weite Wege, die nur scheinbar Umwege sind. Zum Beispiel dann, wenn er den Menschen als kulturbestimmtes Wesen erforscht, dessen Wünsche und Bedürfnisse in erheblichem Maß von der ihn umgebenden Kultur geformt sind. Die Kultur verstehen heißt damit, das Individuum verstehen (und vice versa), „weshalb die als Motivforschung bezeichnete Arbeit in Wirklichkeit nichts anderes ist als angewandte Kultur-Anthropologie".[38, 39]

In der Praxis mündet Dichters Kulturanthropologie in einem Konzept, das bereits in der ersten Problemannäherung den möglichen Erfolg (oder Misserfolg) einer Studie und Kampagne ganz wesentlich bestimmt: die „Erfassung des Ganzen".

Die Erfassung des Ganzen

Dichter nähert sich einem gestellten Problem grundsätzlich über eine ganze Reihe konzentrischer Themenkreise: Er untersucht zunächst die „zeitgenössische Welt" (allumfassende Ziele, die Weltanschauung unserer Zeit, wenn man so will: den Zeitgeist), anschließend die „nationale Kultur" (deren Besonderheiten, Entwicklungsrichtungen und Tendenzen), den „soziologischen Beziehungsrahmen" des Produkts oder Problems (also die Rolle, die es in den menschlichen Querverbindungen spielt, zum Beispiel als Statussymbol), die „Seele des Produkts" (seine emotionale Bedeutung, seine Funktion in den Relationen zwischen Objekt und Subjekt), und schließlich erst am Ende, im Kern dieser sukzessive konkreter werdenden Eingrenzung, das „Problem" bzw. das Produkt selbst.[40]

In diesem Vorgehen entstehen Hypothesen – also Interpretationen, lange vor aller statistischer Deskription –, die sowohl auf Beobachtungen wie auf wissenschaftlichen Erkenntnissen beruhen, genauso aber auch auf Literatur, Kunstwerken, Legenden, Mythen und sogar Märchen.[41] Hier setzt seinerzeit auch die Kritik an der Subjektivität und Seriosität Dichters ein, die dieser mit verschiedenen Argumenten entkräftet: mit persönlicher Überzeugung („Hierbei handelt es sich keineswegs um hohle Spekulationen. Sie sind vielmehr das Produkt eines reichen Erfahrungsschatzes, der von der Sozialforschung und unserer eigenen Gruppe zusammengetragen wurde"[42]), mit Hinweisen auf seine Methodik (die Hypothesen werden auch bei Dichter statistisch, mittels „qualitativ repräsentativer" Samples überprüft) und mit praktischen Erfolgen solcherart konzipierter Marketingkampagnen. (Seit Claude Lévi-Strauss' und Roland Barthes' Erkenntnissen erscheint die damalige Kritik heute im Übrigen noch weit kurzsichtiger als seinerzeit.[43])

Die Sinnhaftigkeit dieses holistischen Zugangs zeigt sich letztlich in der Praxis, die der Motivforschung folgen soll, denn mit seiner Art der Fragestellung bereitet Dichter bereits die Antworten vor: Auch der „Kreative" muss in der Folge sein Problem als Gesamtbild betrachten, da am Ende auch der Rezipient Botschaften nicht atomistisch, sondern in ihrer Gesamtheit aufnimmt: „Der Erfolg einer Anzeige oder einer Werbedurchsage wird nicht von ihren einzelnen

Bestandteilen bestimmt. Ausschlaggebend ist hier das Gesamtbild, die vollständige Integration aller Elemente."⁴⁴ – Hier wird ein weiteres Mal deutlich, dass es nicht zufällig Dichter ist, der den heute omnipräsenten Begriff des „Image" prägen kann, und damit den Grundstein legt für die Konzepte von Markenbildern, Produkten als Botschaften, Produktpersönlichkeiten und so fort.

Und mit „Produktpersönlichkeiten" ist jener Aspekt von Dichters „funktionalem Prinzip" angesprochen, der aus heutiger Sicht möglicherweise der wichtigste ist: das Konzept von der „Seele der Dinge".

Die Seele der Dinge

Im Kern handelt es sich hierbei um die – wiederum: heute gängige, damals in dieser Stringenz neue – Erkenntnis, dass „leblose Gegenstände einen deutlichen psychischen Gehalt (haben), eine ‚Seele', die eine dynamische emotionale Rolle im Alltagsleben des Einzelnen innerhalb des Gefüges eines sozialen Wertsystems spielt."⁴⁵ In der konkreten Umsetzung bedeutet das abermals, grundlegende Fragen zu stellen: „Was verkaufen Sie wirklich? (…) Wir verkaufen keine Schuhe, sondern Bequemlichkeit oder schöne Beine. Wir verkaufen keine Kleider, sondern äußere Zeichen des Ranges in der Gesellschaft. Jedes Produkt hat eine Seele und steht in seiner Bedeutung in einem größeren symbolischen Zusammenhang. (…) Was immer Sie verkaufen, stellen Sie zuerst die Frage, ob es nicht mehr ist als das sichtbare Produkt."⁴⁶

Mit diesem Konzept trägt Dichter maßgeblich dazu bei, die Marktkommunikation tatsächlich zu dem zu machen, was die Bezeichnung impliziert: Kommunikation.

Stellte die vergleichsweise plumpe Reklame (in Zeiten von Verkäufermärkten) lediglich das Produkt aus, so geht Dichter darüber und auch über Werbung als Umwerben des Verbrauchers hinaus, indem er einen tatsächlichen Kommunikationsprozess zwischen Produzenten und Konsumenten anstrebt: „Umgekehrt" oder „auf dem Kopf stehend denkend" (Dichters Termini) rückt er das Produkt zunächst aus dem Zentrum; er fragt vielmehr nach den Wünschen und Bedürfnissen des Konsumenten und danach, was ein Produkt für ihn bewirken kann, nach dem symbolischen und psychologischen (versus rein materiellen) Gehalt der Dinge. So liegt zum Beispiel der psychologische Gehalt eines großen (versus kleinen) Schreibtisches (auch) in seiner Funktion als Statussymbol; ein runder Tisch ist konsensualer als ein eckiger; Schubladen dienen nicht nur dem Verstauen, sondern auch dem Verstecken von Dingen.⁴⁷ Aber nicht nur fertige Produkte, auch Materialien haben „Seele": „Die Beziehung des Verbrauchers zu dem Material, aus dem etwas gefertigt ist, ist Teil seiner Grundeinstellung zu der Ware selbst."[48] Und so dechiffriert Dichter psychoanalytisch etwa Holz als Symbol des Lebens, Glas verweist auf Ungewissheit, Ambivalenz und Mysterium, Metalle gelten als Mythos menschlicher Zivilisation.[49]

Dichter gelangt auf diesem Weg so weit, den Dingen auch Geschlecht zuzuordnen:

„Als wir Forschungen über Tee anstellten, fanden wir, dass Tee in unserer Kultur ein Symbol für Weiblichkeit, Schwäche und Weichlichkeit ist."[50] In seinem *Handbuch der Kaufmotive* listet Dichter diese Persönlichkeiten enzyklopädisch auf, zum Beispiel die Psychologie von Nahrungsmitteln, Kleidung, Möbeln, Toiletteartikeln, Transport- und Genussmitteln ebenso, wie jene von Einstellungen, Bedürfnissen, Motivationen, Dienstleistungen u. v. a. m. [51] – listet sie auf und macht sie damit für die Werbepraxis unmittelbar verfügbar.

Kurzum: „*Die Dinge haben eine Seele.* Menschen auf der einen Seite und Waren, Güter und Gegenstände auf der anderen unterhalten eine dynamische Verbindung ständiger Wechselwirkungen"; was bedeutet: „Personen projizieren sich auf Waren. (…) Umgekehrt haben Waren eine besondere psychologische Wirkung auf Personen."[52]

Projektion und Identifikation – diese psychologischen Mechanismen werden in der konkreten Werbestrategie relevant: Projektion als Übertragung der eigenen menschlichen Persönlichkeit auf Dinge, Marken oder andere Personen mit jeweils bestimmten Images, die dem projizierenden Menschen eine Ausweitung seiner Persönlichkeit ermöglicht und damit Macht, Sicherheit oder Imagegewinn. (Markentreue zum Beispiel wird auf diese Weise zur Bestätigung früherer Entscheidungen und damit zur Selbstbestätigung; der teure Pelz ist nicht nur nobles Geschenk und Statussymbol, sondern möglicherweise auch männlicher Potenzbeweis – als sublimierte Jagdtrophäe.[53])

Umgekehrt wirkt die Identifikation, also die Übertragung dinglicher „Persönlichkeit" auf Menschen, als deutlich sichtbares Zeichen nach außen: Vor allem dann, wenn Produkte geeignet sind, die Zugehörigkeit zu bestimmten Gruppen zu dokumentieren, dem Besitzer soziale Anerkennung und Prestige zu verleihen oder dessen Image bei anderen zu prägen, indem sie als Statussymbole dienen. „Oft übersehen wir die Tatsache, dass in Amerika die Markenartikel beinahe ein Ersatz für Adel und Stammbaum geworden sind."[54] Diese „Markenartikel" können die „richtige" Kleidung, die Wahl des „richtigen" Lokals, der „richtigen" politischen Partei, der Besuch des „richtigen" Theaterstücks oder Konzerts,

Clubs, Events und tausend andere „richtige" Dinge mehr sein – „richtig" immer in dem Sinne, als das „Produkt" den jeweils gültigen Codes und Erwartungen der Gruppe entsprechen muss, an der man sich orientiert, auf die man wirken oder zu der man gezählt werden will (und umgekehrt den Codes jener widerspricht, von denen man sich abzugrenzen versucht). Wenn man so will: Thorstein Veblens „feine Leute" und Pierre Bourdieus „feine Unterschiede"[55] als angewandte Marktkommunikation – heute gängiges angewandtes Wissen, zu Dichters Zeiten (und in hohem Maß auch: durch ihn) eine Novität der Praxis.

Seele der Dinge, Erfassung des Ganzen, Blick hinter die Maske der Verhaltensweisen – „furchtbare Werkzeuge" einer „Kriegskunst" von „Tiefenmanipulatoren", die „die eisige Welt George Orwells und seines Großen Bruders" schaffen, wie Vance Packard seinerzeit stellvertretend für viele publikumswirksam fürchtet (und was sinngemäß da oder dort noch heute zu hören ist) …? Wohl kaum.

Zwar ist die grundsätzliche Kritik an Strategen des „Konsumismus" durchaus legitim – und eine der Facetten Dichters ist auch jene des hedonistisch orientierten und fortschrittsgläubigen Konsumförderers (wiewohl abseits hohlen Phäakentums, sondern als einer, der im psychologisch befriedigenden Konsum eine schöpferische Kraft erkennt), der „um ein Drittel besser leben" anstrebt und in diesem Sinn vor entsprechendem Publikum auch die „psychologische Schrottreife" von Produkten propagiert („Bis zu einem gewissen Grad müssen die menschlichen Wünsche und Bedürfnisse laufend ‚umgepflügt' werden"[56]).

Die (bisweilen hysterische) Überzogenheit der Kritik an Dichter zeigt sich nicht nur anhand seiner genannten Grundprinzipien, sondern nicht minder deutlich bei einem Blick auf seinen wissenschaftlichen Ansatz und seine Methoden.

Die strategischen Methoden im Reich der Wünsche

Dichters wissenschaftlicher Ansatz entspricht voll und ganz dem Paradigma qualitativer Sozialforschung, das von Grundsätzen wie Offenheit, Reflexivität und Flexibilität gekennzeichnet ist – Grundsätze, die Dichter schon in der ersten Stufe seines Vorgehens befolgt: der Formulierung von Hypothesen, also „schlicht meine Vermutungen, warum Menschen sich eben in einer bestimmten Weise benehmen"[57]. Anders als für („naive") quantitative Empiriker, für die Hypothesen als Ausgangspunkt gleichrangig neben Fragen etwa der Repräsentativität eines Samples und ähnlichem stehen, sind sie für Dichter geradezu der Dreh- und Angelpunkt des gesamten Forschungsprozesses, da sie die Ergebnisse aller Forschung bereits determinieren. (Eine Ansicht, die er neben vielen anderen auch mit niemand Geringerem als Karl Popper teilt).

Diese erste Stufe ist es, wo Dichters „funktionales Prinzip" der Kulturanthropologie, die „großen Fragen" und das „Erfassen des Ganzen" zur Geltung kommen – letztlich jene Tätigkeit, die gewissermaßen eine künstlerische zu nennen ist, da sie eminent auf Kreativität, Intuition und Originalität im Aufstellen von Vermutungen, im Anstellen von Analogien und im Korrelieren scheinbar unzusammenhängender Größen beruht. Eine Tätigkeit also, die viel mit Subjektivität und Talent zu tun hat, die aus jemandem, der diese „Kunst" beherrscht, durchaus einen „Guru" machen kann …

Auf der zweiten Stufe, der mehrfachen Bestätigung von Hypothesen, betreibt Dichter qualitativ-quantitative Feldforschung: „An diesem Punkt kommt die Arbeit der Motivforschung ganz nahe an die Laborversuche aller anderen Wissenschaften, ganz besonders aber an die Psychologie heran."[58] Anhand verschiedener Indizien versucht Dichter Hypothesen tiefenpsychologisch und auch statistisch auf ihre Stichhaltigkeit zu überprüfen. Der quantitative Aspekt des „depth boy" bleibt dabei im Normalfall auf vergleichsweise kleine Samples (von einigen Hunderten) beschränkt, was die Kritik von Seiten quantitativer Forschung hervorruft, von Dichters kulturanthropologischem Grundverständnis her allerdings legitim ist: Kann er eine Hypothese anhand eines relativ kleinen Samples verifizieren und damit für die praktische Anwendung absichern, so ist diesem Grundverständnis entsprechend prinzipiell ein Rückschluss auf eine viel größere Population zulässig – ein Standpunkt, der heute im Begriff von der „qualitativen Repräsentativität" kleiner aber aussagekräftiger Samples (wie etwa der Zielgruppenbefragung) seinen Ausdruck findet. (Quantitative Repräsentativität verfolgt Dichter im Übrigen lediglich dann, wenn es gilt, Zielgruppen zu verfeinern oder regionale Unterschiede festzustellen, also in der Frage nach der Häufigkeit einer – bereits qualitativ verifizierten – Motivation.)

„Warum?" …

Es geht also zunächst um die „Kunst, Warum-Fragen zu stellen" – eine vielschichtige „Kunst" von großer Tragweite, die schon Paul Lazarsfeld 1935 in einem bedeutenden Artikel in der amerikanischen *National Marketing Review*[59] diskutiert, von dem sich Dichter nachhaltig beeindruckt und inspiriert zeigt.

Zur Ausübung dieser Kunst, also der Überprüfung von Hypothesen, verfolgt Dichter eine ganze Reihe verschiedenster Methoden, die er der diagnostischen und therapeutischen Praxis entlehnt und – ungeachtet der Kritik – in seiner Adaption für die Marktforschung nutzbar macht.

Die wichtigste unter ihnen ist erwartungsgemäß das Tiefeninterview: Hier erlangt Dichter tatsächlich Meisterschaft darin, mit Empathie und dem „dritten Ohr", kurzum: einem ausgeprägten Sensorium für Nuancen von Aussagen, Gestik, Mimik und Stimmlage, zwischen den Zeilen zu lesen. Und um den Befragten tatsächlich „genug Seil zu geben", an dem sie sich „erhängen" können, entwickelt Dichter für sich und seine Interviewer eine Vielzahl von Strategien des indirekten Fragens, um Erzählungen und freie Assoziationen, Erinnerungen und Emotionen in Gang zu bringen: sei es das Ansprechen von ersten Erlebnissen oder extremen (besten und schlechtesten) Erfahrungen im Zusammenhang mit einem Produkt, sei es das Erfragen kleinster Einzelheiten und minutiöser Erlebnisberichte, sei es auch die gezielte Provokation, um Unerwartetes, Unvorhersehbares und tief Gehendes hinter aller Rationalisierung zu Tage zu fördern.

Ähnliche Kompetenz entwickelt Dichter in der Gruppendiskussion, die er als „erweitertes Tiefeninterview" anwendet, wie auch in einer seiner bevorzugten projektiven Methoden: dem Psychodrama, einer Art Rollenspiel, in dem sich Versuchspersonen in die Rolle eines Gegenstandes, eines Unternehmens oder einer anderen Person versetzen, um die Psychologie von Produkten im weitesten Sinne freizulegen. Überhaupt finden sich in Dichters Repertoire die unterschiedlichsten projektiven Tests, um unbewusste Einstellungen, Gefühle und Wünsche zu enthüllen: der Thematische Apperzeptions-Test (TAT), die Transaktionsanalyse, Satzvervollständigung, Rorschachtest, Assoziationsversuche, Karikaturentest, Tiervergleiche, Wilde'sche Wunschprobe etc. (Neben diesen qualitativen Methoden wendet Dichter auch hier mitunter quantitative Verfahren an, wie zum Beispiel Polaritätsprofile oder Rangreihenversuche – vor allem in seinen Imageerhebungen.)

Über diesem vielfältigen Methodenmix schwebt gleichsam als methodisches Vademecum die Beobachtung: über sie kommt Dichter ja zur Psychologie, ihr schreibt er ganz grundsätzlich auch die Erfolge im Finden von Ansatzpunkten und Lösungen zu. Ist sie auf diese Weise entscheidender Bestandteil des gesamten Forschungsprozesses, im Tiefeninterview wie auch in allen projektiven Tests, so versteht Dichter sie darüber noch hinaus auch als eigenständige Methode, die er teilweise bis zum wissenschaftlichen Experiment im eigenen „Versuchslabor" ausweitet: In Dichters „Schloss" findet sich unter anderem ein Fernsehraum, der verdeckte Beobachtung der TV-Konsumenten erlaubt; in einem Nebengebäude sind mehrere Wohnräume, Küchen, Badezimmer etc. aufgebaut, um Versuche in „häuslicher" Atmosphäre durchzuführen; und auf einer eigenen Bühne können Büro-, Kaufhaussituationen und ähnliche mehr simuliert werden.

Dichters qualitative Motivforschung läuft also im Anschluss an die „künstlerische" Hypothesengewinnung auf professionell-wissenschaftlichem Niveau ab – um in der Anwendung abermals wissenschaftlich fundierte „Kunst" zu werden.

... „Warum nicht?"

Die Frage, die sich am Ende jeder Motivstudie stellt, ist jene nach der praktischen Umsetzung der gewonnenen Erkenntnisse; Erkenntnisse, die nun aber gerade nicht in „harten" Zahlen und Fakten vorliegen, sondern in erster Linie als schriftliche Protokolle mit wörtlichen Zitaten, Beschreibungen, Erzählungen, Impressionen von Befragten und Interviewern, die allesamt einer angemessenen Interpretation bedürfen – dafür aber einen beträchtlichen Spielraum eröffnen (den Dichter mehr als jeder andere auch auskostet) ...

Was also tun mit Ergebnissen aus Tiefeninterviews und Psychodrama, die zum Beispiel besagen, dass die Menschen gerne mehr Geld ausgeben möchten als sie tatsächlich haben? Was tun mit Ergebnissen, die besagen, dass Dörrpflaumen nur als „altjüngferliches" Arme-Leute-Essen und unansehnliches Abführmittel betrachtet werden?

An diesem Punkt kommt nach der Motivforschung des „Warum?" der zweite Teil von Dichters „Strategie im Reich der Wünsche" zum Tragen: die kreative Umsetzung und psychologische Beeinflussung.

Ganz grundsätzlich nennt er für die praktische Konzeption von Kampagnen einige Prinzipien, die es zu verfolgen gelte, um – worauf Dichter größten Wert legt – dauerhafte Überzeugung (statt kurzlebige Verführung) der Rezipienten und damit Ziele kommerziellen oder politischen Marketings zu erreichen[60] – Prinzipien wie Neuorientierung der Menschen (indem etwa die Konsequenzen einer bestimmten Wahl oder Handlung explizit gezeigt werden), Ermutigung zu neuen Dingen und Verhaltensweisen (ein Prinzip, das auf Alfred Adler zurückgeht), Einsicht in und Identifizierung mit dem Verhalten anderer zu fördern (zum Beispiel durch Testimonials von Vorbildfiguren), die Umwandlung von Tatsachen in Emotionen (so wirbt dank Dichter für die Kraft von Esso-Benzin nicht mehr die Oktanzahl, sondern der „Tiger im Tank"), oder das Motivieren zu Zielsetzungen mitsamt einer praktikablen Anleitung zu deren Erreichen.

Neben dieser „Pflicht" gibt es bei Dichter aber auch die „Kür": Sein Erfolg liegt vor allem in der simpel scheinenden Umsetzung der Antworten auf das „Warum?" im unvoreingenommenen „Warum nicht?". Dieses „auf dem Kopf stehende Denken" und „fundamentale, oft dumm klingende Fragen Stellen"[61] eröffnet Dichter den Weg zu neuen Produkten, neuen Positionierungen von Produkten und neuen Marketingstrategien – innovative Lösungsansätze, die wie manche Ergebnisse seiner Motivforschung ebenfalls „nicht immer gleich akzeptiert (wurden), sehr oft haben sie mir zunächst Spott eingetragen"[62]. In einem Stoßseufzer konstatiert Dichter: „Als Psychologen sehen wir uns oft einem schwierigen Kommunikationsproblem gegenüber. Wir wissen, dass vieles töricht klingt, wenn es in kalter, unsympathischer Umgebung präsentiert wird. Erklärt einem der Arzt, die Kopfschmerzen, über die man klagt, würden von einer Infektion zwischen zwei Zehen verursacht, so neigt man zu der Ansicht: ‚So ein Idiot! (…)' Wahrscheinlich wird der Arzt ziemlich lange brauchen, bis er seine Diagnose plausibel machen kann."[63] Probleme, die Dichter natürlich von seinem Forschungsparadigma nicht abhalten – worin ihn die praktischen Erfolge zusätzlich bestärken.

Die Arzneien des Doktor Dichter

„Herr Doktor Dichter, nun haben Sie in Ihrer Motivforschung herausgefunden, dass unsere Dörrpflaume als ein eintöniges altjüngferliches Arme-Leute-Abführmittel, als ein Un-Produkt sondergleichen empfunden wird … Was sollen wir damit anfangen?"
„Machen Sie eine jugendliche Praline draus!"
„…?"
„Warum nicht?"

Ernest Dichter kreiert 1952 für das California Prune Advisory Board die „California Wonderfruit", die Dörrpflaume als jugendliches „Energy-Produkt" (Dichters Terminus), das symbolisch und in Werbetexten „die pralle kalifornische Sonne in sich birgt" und in vielfältigen Variationen sogar Gästen angeboten werden kann.[64] Den damaligen eminenten Markterfolg, das „neue und wirklich echte Interesse der Verbraucher an Dörrpflaumen" nach Dichters „Heilbehandlung" konstatiert sogar Chefkritiker Vance Packard in seinen *Geheimen Verführern*.[65]

„Sie sagen, die Menschen wollen von uns Banken mehr Geld kriegen, als sie auf ihren Konten haben, wollen aber keinen Kredit aufnehmen … Und?"
„Und? Geben Sie's ihnen!"
„…?"

„Warum nicht? Warum nicht diesen Wunsch erfüllen und gleichzeitig ein Geschäft daraus machen?"

Ernest Dichter erfindet zu Beginn der 1950er für eine amerikanische Bank den Überziehungsrahmen bei Girokonten.[66] Den ungebrochen eminenten Markterfolg … kennt vermutlich auch der/die geneigte Leser/in aus eigener Umgebung, wenn nicht teuer gewordener Selbsterfahrung …

In diesen und zahllosen anderen Fällen zeigt sich, dass Dichter an der „Seele des Produkts" und den tief liegenden menschlichen Motivationen ansetzt, um von diesem Punkt ausgehend Menschen anzusprechen (zu beeinflussen) und neue Produkte und Images zu schaffen.

Natürlich klingen manche Beispiele und Erkenntnisse heute überholt, Motive haben sich vielfach gewandelt (Dichter hat auch hierin Recht), manche Errungenschaften Dichters haben sich seit damals als „common sense" etabliert (und wer fragt bei Selbstverständlichem nach den Wurzeln?), psychoanalytische Herangehensweise und Interpretation haben hier und heute bei weitem nicht mehr den damaligen Stellenwert, und die Methoden der Motivforschung wurden beträchtlich ausgeweitet und vernaturwissenschaftlicht.

Und doch: Auf den innersten und bleibenden Kern reduziert, ist Dichters Arbeit, die in den 1930ern/40ern den Schritt von der Reklame zur Kommunikation macht, nach wie vor unvermindert aktuell.

Sowohl Plädoyer wie Praxis laufen am Ende darauf hinaus, erstens für den Rezipienten wahres Verständnis zu entwickeln, ihn wirklich, soll heißen: durch psychologische Einsicht und die richtigen Fragen in seinen tatsächlichen Bedürfnissen kennen zu lernen. Was nach Selbstverständlichkeit klingt, ist in Dichters expliziter Formulierung damals neu und heute im professionellen Alltag allzu oft unerfüllter Anspruch, der in schein-exakter Ansammlung von soziodemographischen Zahlenfriedhöfen und Status-quo-Erhebungen untergeht – Motiv- oder „Tiefenforschung" daher, wie immer man sie auch titulieren mag, notwendige Ergänzung zu Quantifizierung (und nicht zuletzt auch zu „Trendanalyse", die sich gelegentlich als pompös aufffrisierte und doch nur retrospektive mediale Blütenlese entpuppt; „Tiefenansatz" und „Motivations-Denken" damit auch die Chance, wahre neue Bedürfnisse zu antizipieren, bevor sie von Trendscouts aufzuspüren, geschweige denn repräsentativ-statistisch nachweisbar sind – um sie so von Beginn an in ihrem gesamten Potential nutzen bzw. befriedigen zu können.)

Als ähnliche „Selbstverständlichkeit" kann, zweitens, wahres Verständnis für das eigene Produkt gelten – sei es eine Ware, Dienstleistung, (politische) Idee, was auch immer. Dichters philosophisch geschulter Blick auf das „Ganze" und die „Seele der Dinge" präsentiert sich auch hier unverändert als conditio sine qua non der Marktkommunikation, vor allem in Zeiten einer multimedialen und omnipräsenten Kakophonie von (Werbe-)Botschaften aller Art.

Solche Botschaften in vorurteilsloser, kreativer und tiefgründiger Produkt- und Zielgruppenanalyse zu finden und zu formulieren: das kann als erste Stufe Dichter'scher „Strategie im Reich der Wünsche" gelten. Und daran anschließend, ist zweifellos – und drittens – ein bleibendes Verdienst Dichters, wichtige Anleitungen für die strategische Umsetzung psychologisch „richtiger" Botschaften zur Verfügung zu stellen: die Vermittlung der „Seele der Dinge", die den Rezipienten dort anspricht, wo er aufnahmebereit ist, zum Beispiel durch die Kreation und Inszenierung psychologisch adäquater und damit überzeugender Images – denn dass die physische Materialität im postmodernen, postmateriellen und digitalen Zeitalter hinter Fragen der „psychologischen Software" zurücktritt, ist wohl gesellschaftlicher wie professioneller Konsens. Umso mehr ist in einer Welt der austauschbaren und „unnotwendigen" Dinge das Schaffen von unverwechselbarer „Persönlichkeit", manchmal sogar von „Mythen" und „Reliquien des Alltags", aktueller denn je – Aura ist im Zeitalter der technischen Reproduzierbarkeit (Walter Benjamin) gefragt wie nie zuvor; genauso wie die „Umwandlung von Tatsachen in Emotionen", wie Dichter die Aufgabe verführerischer Überzeugung umschreibt. – Dichter darf mit diesen Grundsätzen durchaus als einer der Gründerväter des „Pop-Prinzips Image" und der globalen „Amerikanisierung" von Kultur und Kommunikation gelten.

In seiner (psychologischen Marktkommunikations-)Theorie, die nicht Theorie sein oder jedenfalls nicht bleiben will, erweist sich der Motivforscher Ernest Dichter aus heutiger Sicht somit als einer der wichtigen Visionäre der Massenkommunikation.

In seiner (Werbe-)Praxis erweist er sich als höchst aktuelle Personalunion von Research Department, Strategic Planning und Kreation – als Idealfall effizienter Marktkommunikation.

Man könnte – vor allen Dingen als Praktiker – versucht sein, sich mit einem solchen Profil Dichters zufrieden zu geben (und ausreichend inspiriert zu zeigen); und doch setzt ein „Dichter verstehen" den Blick „hinter die Theorie" voraus, mit dem sich eine weitere und sehr wesentliche (Tiefen-)Schicht eröffnet, ohne die der Kommunikator und sendungsbewusste „Guru" Ernest Dichter kaum denkbar wäre: das alle Praxis formende „lebensphilosophische" Fundament des „Rabbi Ernest" Dichter.

T. C.

Ernest Dichter, „Rabbi"
Magier der Emotionen

Worin liegt nun das „Geheimnis" Ernest Dichters, der Grund für seinen Erfolg? Dichter hat keinen „Stein der Weisen" gefunden, kein Patentrezept erfunden – wenn doch, dann ist es die Erkenntnis, dass vor aller Rationalität die Emotionalität Entscheidungen beeinflusst, ja letztlich oft ausschließlich trifft. Diese „Prämisse" galt es ihm, konsequent anzuwenden – der Cocktail aus Emotion, Intuition und Originalität der Kommunikation (Slogans) ließ ihn zwar wirtschaftlich erfolgreich werden, wurde aber von seinen Kritikern als „unwissenschaftlich" abgetan. Dichter selbst – der, wie bereits erwähnt, zur Stützung seiner Hypothesen immer wieder auch quantitative Untersuchungen an nicht allzu großen Samples zur Kontrolle durchführen ließ – apostrophiert dieses sein Vorgehen als pragmatische Wissenschaftskritik. Der Erfolg gab ihm Recht – wenngleich seine „Methode" an seine geniale Persönlichkeit gebunden blieb …

Dichters „Geheimnis" – keine Wissenschaft?

Dennoch ist Dichters Vorgehensweise – über seine persönliche Begabung hinaus, emotionale Motive zu erspüren – eine Herausforderung für alle Proponenten der Sozialforschung, die sich primär auf statistisches Zahlenmaterial verlassen. Dichter setzt seine Prioritäten auf die Hypothesenbildung – „die richtigen Fragen stellen", Abwehr von Rationalisierungen, keine Standards – das Ungewöhnliche ist gefragt. Wichtige Keywords sind in diesem Zusammenhang Wortkreationen wie „up-and-down-thinking" oder das Denken in Gegensätzen. Oft sind es Randbereiche, Extreme, die Licht auf das „Normale" werfen können. Meist sind „verdrängte" – weil vielleicht unangenehme oder sogar „unmoralische" – Triebkräfte[67] eigentliches Motiv einer Handlung.

Denken in Gegensätzen ist dann die konsequente Übersetzung dialektischen Denkens in die Praxis des Alltags – die Erkenntnis, dass alles menschliche Leben ambivalent ist. Von Dichter gern zitiertes Beispiel[68]: Schokolade – sie ist süß – ja natürlich; zu viel davon genossen bewirkt der Zucker jedoch eine gewisse Schärfe des Geschmackes. Es ist wie mit den psychologischen „Kippbildern", jenen Bildern, die zwei Darstellungen in einem beinhalten, wobei man die jeweils zweite erst bei genauerem Hinsehen erkennen kann. Um dieses genauere Hinsehen geht es Dichter vor allem – um das Infragestellen der bekannten Plausibilitäten zu Gunsten einer neuen Sichtweise von Wirklichkeit und der damit verbundenen Erkenntnis. Die konsequente Frage nach dem Warum – und vielmehr noch der

Zusatz: „Warum nicht? Warum nicht auch anders? Why not?" sind Schlüssel für Dichters analytisch-assoziatives Vorgehen.

Die Marschrichtung heißt: Psychologie – oder sagen wir: Schnittstelle zwischen Wahrnehmung und Konstruktion von Wirklichkeit, psychologische Erkenntnistheorie, angewandte Philosophie oder wie auch immer – frei nach Dichter – die Formeln aussehen mögen, die jenes Phänomen zu beschreiben suchen, das Dichter in dieser Hinsicht darstellt. Auch in diesem Zusammenhang gilt: Dichter ist kein Theoretiker, er ist persönlich, emotional Betroffener und daher mit Begeisterung, mit Engagement dabei, Marktforschung – seine Wirklichkeit, seine Identität – zu verwirklichen. Was ihm seine wissenschaftlichen Kritiker vorwerfen mögen ist vielleicht der Mangel an Transparenz in seinem „System" – er unterzieht sich nicht der Mühe, ein solches auszuformulieren. Er schöpft aus einer anderen Tradition der Vermittlung von Wissen: er nützt seine jüdischen Wurzeln, wichtiger Teil auch seiner emotionalen Identität, und erzählt Geschichten, Gleichnisse, mit denen er seine Ideen transportiert. Er sieht sich in gewisser Weise in rabbinischer Tradition (siehe unten Beitrag Peter Scheer), will „Messias[69]" der Marktforschung sein (siehe oben) und präsentiert seine Beobachtungen als Bausteine einer „Theorie", die er dann in Strategien des Marketing und der Werbung verpackt: nicht von ungefähr nennt er sein erstes Buch „Strategie im Reich der Wünsche[70]"– er geht also durchaus systematisch und auch fundiert vor – soviel zur Dimension der Wissenschaftlichkeit.

Der Unterschied zu den Theoretikern der sozialwissenschaftlichen Zunft mag vielleicht in seinem distanz- und bis zu seinem Lebensende ruhelosen persönlichen Engagement für seine Sache liegen. Diese Energie – und auch das ist typisch Dichter – gewinnt er in einem – Viktor Frankl würde sagen positiven, sinngebenden – Umgang mit seinem Minderwertigkeitskomplex (siehe oben) – Ambivalenz seiner Persönlichkeit: aus der neurotischen Schwäche entwickelt er unglaubliche Kraft der Wahrnehmung und die Energie, auch andere zu ermutigen (Alfred Adler). Er saugt die Ideen seiner Lehrer auf und gestaltet daraus ein Weltbild, dem er sich auch ethisch verpflichtet weiß. Kein statischer Wertekodex, sondern die Maxime, sich zeit seines Lebens auf den Weg zu machen, Wirklichkeit und „Glück" – auch materiell, jedoch bis hin zur spirituellen Verfeinerung, kultivierte Befriedigung der Lust – zu gestalten, der Mensch als homo faber et ludens („spielerischer Macher") mit sozialer Verantwortung.

Soweit so gut – und doch auch wieder nicht so platt und einfach, wie es klingen mag: das Motiv des Gutseins ist nicht einfach religiös zu verordnen, der Altruismus wird durchaus mit einem gesunden Egoismus geerdet, Grundmotiv, ohne das Ethik einfach nicht funktioniert (John Locke bzw. Adam Smiths wirtschaftsliberale Ideen zum Anfassen). Nicht die Zehn Gebote motivieren[71] – vor allem als Verbot formuliert – sondern, will man es mit Freud sagen, die Libido (nicht nur auf Sexualität reduziert): Lustprinzip vor Realitätsprinzip – wieder das Grundmuster: Emotion vor Ratio.

An einer Stelle im *Buch der Kaufmotive* zitiert Dichter Platos Überbewertung der Vernunft vor der Emotion – Plato scheitert bekanntlich an seiner idealen Wirklichkeitskonzeption, sein politisches Ideal endet in der Diktatur, seine Ideenlehre in der Mathematisierung der Begriffe: „Der Grund für diese Einstellung, die sich bis heute erhalten hat, dürfte wohl der sein, dass die Gefühle ein fremdartiges und Furcht erregendes Phänomen sind. Wir sehen kaum eine Möglichkeit, sie zu kontrollieren. Sie scheinen ihren Ursprung in einer finsteren Sphäre unseres Daseins zu haben.[72]" Mitunter motivieren sie infantiles oder animalisches Verhalten – dennoch: die Wirklichkeit lässt sich nicht auf rationale Denk- und Zahlensysteme reduzieren – Emotion vor Ratio heißt Dichters Credo.

Anti-Establishment: Antifatalismus als Gesellschafts- und Religionskritik

Dichter betreibt in diesem Zusammenhang durchaus auch eine Form der Religionskritik – und zwar sowohl an jüdischen, christlichen und fernöstlichen Vorstellungen. Gemeinsamer Nenner ist die statische Vorstellung von Glück, die Dichter bekämpft. Dichter stellt Bezüge zum Existenzialismus ebenso her wie zur klassischen Religionskritik des 19. Jahrhunderts (Nietzsche, Feuerbach). In nahezu jedem seiner Bücher fragt er nach den großen Themen menschlichen Lebens, nach Sinn, der Suche nach dem Ziel[73], dem Weg zum Glück[74] und skizziert auch jene Dinge, die Rätsel bleiben[75]. Unübersehbar ist jedoch dabei die Motivation, nach authentischen Antworten zu suchen, nach dem, was die Welt, den Menschen, menschliche Wertvorstellung, das Humanum im Innersten zusammenhält.

Von Dichters Plädoyer, die „großen Fragen zu stellen", war bereits die Rede. Dieser Bezug äußert sich für Dichter in jeder Untersuchung: „Niemals sollten wir glauben, Ereignisse und Erscheinungsformen unseres Lebens bestätigten nur altbekannte Wahrheiten.[76]" Nichts ist banal. „Die wahre Größe kleinster Dinge zeigt sich in ihrer Beziehung zu transzendenten Ursprüngen im Herzen des Menschen oder der Natur[77]". Welche Vorstellungen von Glück, Ziel und Transzendenz haben sein Leben geprägt, seinen Denkansatz bzw. sein pragmatisches Modell der Motivforschung beeinflusst? Dichters Vorstellungen sind eine konsequente Weiterführung seines „existenzialistischen" Ansatzes der menschlichen Selbstverwirklichung durch Aktion. Als Lebensziel formuliert er Wachstum und Fortschritt – die Angst vor der „Sünde" der Veränderung, das Verlassen statischer Unwissenheit, lehnt er ab. Gott als Projektion menschlicher Angst, des Gefühls der Minderwertigkeit des Menschen als „Mängelwesen" (nach Arnold Gehlen[78]), das die Freiheit der Selbstbestimmung an ein höheres Prinzip delegiert, um so der Last eigener Verantwortung auszukommen[79] – dieser Gottesbegriff gleiche einer Blasphemie[80] (auch im Kant'schen Sinn übrigens).

Dichter versteht sein Werk als Protest gegen diese falschen religiösen und philosophischen Systeme und Vorstellungen. Es geht ihm darum, „den wahren Gott in uns zu entdecken und ihn dann auch außerhalb unserer selbst zu sehen[81]". Die eigene innere Entwicklung, der Mut, sich selbst zu erkennen (das sokratische gnoti seauton – erkenne dich selbst[82]), „psychologische Selbstverwirklichung und äußerste Ausnützung eigener Kräfte[83]" – das sind die konstitutiven Elemente von Sinn. Leben als fortdauernde Entwicklung – nicht als anzustrebende statische Perfektion. Obwohl Dichter sich als Atheist bezeichnet[84], kennt er aus eigener Erfahrung das beruhigende Gefühl glauben zu können, „dass es eine omnipotente Kraft gibt, die einem helfen kann, wenn man an sie appelliert[85]". Entscheidend ist jedoch – gleich wie man diese Dimension menschlicher Existenz bezeichnet – diese Erfahrung nicht zu vereinnahmen, sie nicht durch ein System verwaltbar zu machen und dadurch zu nivellieren. Was hier in religiöser Hinsicht angesprochen wird zeigt sich in der Motivforschung als Postulat zur dauernden Skepsis, als Quelle der Kreativität: das menschliche Leben ist überraschend, nicht theoretisch fassbar, immer zu hinterfragen. Der Mensch wiederum ist offen für Neues, physisches und vor allem psychisches Wachstum, unterwegs zu immer weiteren Dimensionen[86]. Kreativität als Ziel – nicht abgeschlossene, perfekte Vollkommenheit. Der Weg ist das Ziel, die Lust am Weg auf ein Ziel hin ist Glück. Die Motivation fast aller Dinge ist die Vorstellung, das Paradies wieder zu entdecken[87].

Die Irreführungen der meisten Religionen (ob jüdisch-christlicher oder buddhistischer Tradition) besteht nach Dichter darin, die Vorstellung eines statischen Paradieses zu vermitteln (Perfektion). Mit dem Faktum des Erreichens ist das Glück jedoch schon wieder abgeschlossen bzw. wird durch Perpetuierung des Ewiggleichen „langweilig." Daher propagiert Dichter die dynamische Sicherheit, das „Paradies" des dauernden Suchens, des „ständigen Lernen-Wollens" und des „fortwährenden Wachstums[88]" und sieht dies als tiefste Motivation menschlichen Verhaltens (Neugierde). Der Weg ist das Ziel: „I believe that the definition of happiness is constructive discontent. Getting there is all the fun; the goal itself is much less important than growth, striving and self-fulfillment[89]".

Mythische Elemente, Bilderwelten, Symbole – der Schlüssel zum Märchen

Menschliche Motive leben von Bildern, Vorstellungen, emotional besetzten Symbolen, sei es aus der Kindheit – der eigenen psychosozialen Entwicklung –, sei es aus der Welt der Fiktion, der Mythen, der Religion, der Märchen – jener (literarischen) Formen, die Komplexität von Wirklichkeit ganzheitlich begreifbar zu machen versuchen. Will man die Tiefenschichten der menschlichen Psyche erreichen, kann man diese Bildersprache nicht außer Acht lassen – mit Assoziationen aus diesem Ideenschatz muss gerechnet werden. Es sind zum Teil archaische Denkmuster, die die Beziehung zu einzelnen Dingen oder Produkten prägen können.

Dichter schöpft eben aus diesen Vorstellungen und versucht, auf Grund der Erfahrung, die er aus Tiefeninterviews und sonstigen Untersuchungen im Rahmen seiner Studien macht, so etwas wie eine Best-of-Liste der Motive zu einzelnen Produkten und Materialien, aber auch zu menschlichen Verhaltensweisen, zusammenzustellen (*Handbuch der Kaufmotive – der Sellingappeal von Waren, Werkstoffen und Dienstleistungen* und *Das große Buch der Kaufmotive*[90]). Er begreift seine Arbeit als kulturanthropologisches Bemühen[91] – Spurensicherung menschlicher Projektion auf die Außenwelt, Beschäftigung mit der Psychologie der Dinge, Aufspüren der Tiefendimension unbewusster Wünsche und Rituale. Hinter der oberflächlichen Befriedigung von Bedürfnissen liegt eben eine Bedeutung von viel größerer Tragweite: Personality, Image und „Seele": alle „Gegenstände haben einen deutlichen psychischen Gehalt, eine ‚Seele', die eine dynamische emotionale Rolle im Alltagsleben des Einzelnen innerhalb des Gefüges seines sozialen Wertsystems spielt[92]". Seele ist dabei wieder ein mythisch-religiöser Topos, der in diesem Kontext vor Dichter nicht reflektiert wurde. Idee – Seele – Idol – Bild – Image: es gibt keine „leblosen" Dinge, alles hat Bedeutung und Gehalt von mitunter metaphysischer Tragweite – und beeinflusst daher auch in diesen Tiefenschichten menschlicher Vorstellungswelten.

Einige kursorische Beispiele zum Konnex von Motiven und Produktimages[93]: Archaische Motive verbergen sich etwa im Umgang mit Brot, Fleisch und anderem – Brot symbolisiert Geborgenheit, ist familiäres Symbol, während Fleisch das „Tier im Menschen" anspricht – Chiffre für Aggression und Kraft zugleich. Butter, Eis, Obers als Zeichen des Reichtums – weiche Genussmittel des Überflusses, wohingegen Milch meist mit elterlicher Autorität in Verbindung gebracht wird – später Reflex auf frühkindliche Erfahrungen (Gehorsam bzw. Zwang) im Zusammenhang mit dem Milchkonsum. Suppe repräsentiert symbolisch mitunter Blut – auch medizinisch erfüllt sie graduell quasi die Funktion einer Blutauffrischung (Salzlösung).

Märchen, aber auch historische Mythen, Vorstellungen vom „Mittelalter" u. a. m. sind voll von psychologischen Aussagen über Motive – Schuhe beispielsweise als Zeichen der Kraft und Unabhängigkeit (Siebenmeilenstiefel, Aschenputtel); archaische Symbole der Geborgenheit (Schloss, frei nach Luther: „Ein feste Burg ist unser Gott" und andere mehr). Unter diese Kategorie fallen auch biblische „Märchen" und ihre handelnden Personen (Adam und Eva – u. a. Sinnbild für den menschlichen Schuldkomplex: „Mit Eva fing die Verführung an"[93a], die Geschichte mit Samson und Dalila – Mythos des Haars und der Potenz u. a. m.).

Auch moralische Kategorien spielen eine große Rolle und werden einzelnen Dingen zugeordnet: Sauberkeit des Hauses (Reinigungsmittel) und Reinigung des Körpers (Seife[94]) haben etwas mit der Überwindung von Schuldgefühlen zu tun – Reinigung der Lebenswelt ist Reinigung der Seele (Absolution – Vergebung, Taufritual). Interessante Aspekte ergeben sich im Bereich der „Körper- und Seelenpflege" (Identität, Sexualität, Intitmität) mit Kosmetika und Pharmazeutika – im Grunde häufig der Versuch, Minderwertigkeitskomplexe zu überwinden und sich eine andere Persönlichkeit zuzulegen (Lippenstift – Intimität wird präsentiert und verdeckt; Beruhigungs- und Schlafmittel – Freiheit oder Flucht vor Problemen).

Selbst die Technik birgt symbolisches Potential – die Größe von diversen Haushaltsmaschinen korrespondiert unter Umständen mit dem Selbstwertgefühl der Benützer, die Relation von Autofahrer zu Auto als eine Art Narzissmus, das Auto-mobil wird zur Selbstbewegung u. v. a. m.

Personality ist auch geschlechtsspezifisch besetzt – es gibt so etwas wie „männliche" und „weibliche" Produkte: Stichwort Alkohol versus Tee (siehe oben).

Ganz generell zeigt Dichter einen interessanten Aspekt auf: will man die Vielzahl von Motiven auf einige wenige reduzieren, so steht an oberster Stelle jenes der Sicherheit[95]. Das Motiv der Sicherheit bündelt Motive wie Macht, Besitz u. a. m. Dieses Streben basiert auf einem offenbar dem menschlichen Individuum eigenen Gefühl der Minderwertigkeit gepaart mit Schuldgefühlen. Dieser Grundbefindlichkeit gilt es zu begegnen – im Umgang damit erweist sich ein Mensch als „lebenstüchtig" oder versucht diese Spannung neurotisch zu lösen. Es gibt zwei Möglichkeiten, zwei Strategien, das Leben zu bewältigen: entweder fatalistisch und passiv alles hinzunehmen oder das Leben selbst in die Hand zu nehmen, die Möglichkeit menschlicher Freiheit (Wahlfreiheit, Entscheidungsfreiheit, Planen) wahrzunehmen und zu nutzen, zu agieren. Dichter ortet als Hemmnis für selbstverantwortete Entfaltung unter anderem den menschlichen Schuldkomplex, den er auch mit religiösen Bildern in Verbindung bringt, etwa mit der jüdisch-christlichen Vorstellung der Erbsünde als Vorbedingung menschlicher Abhängigkeiten im religiösen wie auch politischen Sinn[96], die den Fatalismus fördern und den Menschen unmündig, fremdbestimmt sein lassen. Je mehr der Einzelne in der Lage ist, sich von diesem künstlichen Halt (Streben nach Sicherheit!) zu lösen, „desto eher gelangt er zu seiner wahren Bestimmung, ein Geschöpf nach Gottes Bild und Gleichnis zu sein[97]", das heißt eben selbst schöpferisch zu sein und die eigene Freiheit nicht zu delegieren. Der Mythos der Genesis „symbolisiert den ewigen Konflikt" (des Menschen) „zwischen dem Wunsch, im Paradies der Unwissenheit und der statischen Ruhe zu bleiben, und dem Verlangen, in die Welt der Erkenntnis, des Strebens, der Herausforderung und der Entwicklung hinauszutreten[98]", das Risiko des Neuen, der Veränderung, des Wandels einzugehen. „Immer wieder versuchen wir in das Nirwana embryonaler Wärme und träumerischer Unwissenheit zu entfliehen[99]". Nichts zu tun, Minderwertigkeitsgefühl dadurch zu überwinden, sich einem Übermächtigen (bzw. den Projektionen davon) anzuvertrauen bzw. auszuliefern, ist die Strategie des Fatalismus, Sicherheit zu erlangen. Daher kommt – so Dichter – die Notwendigkeit bzw. das Bedürfnis der menschlichen Psyche, sich für aus eigener Freiheit motiviertes Tun zu rechtfertigen (etwa für den Kauf eines Produktes). Dazu kommt die wirkungsgeschichtliche Prägung, die jeglicher Annehmlichkeit (als Ziel menschlich-motivierten Handelns) den Beigeschmack des Unmoralischen, Schlechten anhaften lässt[100], anstatt Kreativität zu belohnen (durch ein Gefühl der Befriedigung, der Freude am Neuen, Unerwarteten). Die daraus resultierenden Schuldgefühle müssen überwunden werden – es ergibt sich die Notwendigkeit der Absolution, wie es Dichter immer wieder bezeichnet und dadurch die religiöse Dimension menschlicher Motivation anspricht.

So betont Dichter die Wichtigkeit der Strategie, mit dem Kauf bzw. Angebot eines Produktes immer auch diese Absolution als Rechtfertigung mitzuliefern[101] – als tiefstes Motiv zur Überwindung menschlicher Minderwertigkeits- und Schuldgefühle. Das Rechnen mit diesen (versteckten) Motivationen und die Reflexion psychologisch-anthropologischer Grundlagen ist Dichters Erfolgsrezept, mit menschlichem Verhalten verantwortlich (in diesem Sinne auch ethisch human) umzugehen und die sich daraus ergebenden Einflussmöglichkeiten zu nützen – Dichter sieht sich in diesem Zusammenhang als Aufklärer im umfassenden Sinn: als Befreier aus der selbstverschuldeten Unmündigkeit (Kant) und als Analytiker des Un- und Unterbewussten, des Vorurteils (Freud).

Hast du Lust …? Und die Moral von der Geschicht' …

Die Lust als treibendes Motiv – neben jenem der Sicherheit – Lust als Ziel und Norm, das ist die Grundlage der Spaßgesellschaft … oder? Ja – und doch nicht ganz.

Dichter lebt im Umfeld gesellschaftlicher wie individueller Befreiung – allerdings auf dem Hintergrund der puritanischen USA der 1950er-Jahre. Und die Lust zur Maxime zu erheben ist daher Rezept zur gesellschaftlichen wie individuellen Therapie. Das impliziert (zumindest bei Dichter) aber auch so etwas wie ein humanistisches Weltbild – wenngleich ohne moralinsaure Doktrin. Der Unterschied zur ethischen Verordnung durch religiöse Autoritäten – diese lehnt Dichter ab: „alle Fragen, die mit der Moral zusammenhängen sollten nicht nach theologischen, sondern nach (sozial)wissenschaftlichen Gesichtspunkten beurteilt werden[102]", schreibt er im *Buch der Kaufmotive* – ist die prinzipielle Offenheit für alles, was es an bewährter Ethik gibt.

Von der Libido war bereits die Rede[103] – Lust erwächst aus dem spielerischen Umgang mit Wirklichkeit. Auch den Nächsten zu lieben, wie sich selbst, ist im Grunde lustbetont – kein Altruismus ohne Selbstwertgefühl und Egoismus. Dichter bringt den kulturgeschichtlich mitunter negativ besetzten Begriff des Hedonismus ins Spiel – „die Lehre, dass Freude und Genuss nicht Selbstzweck sind, sondern einer echten Persönlichkeitsentfaltung entspringen[104]". Diese Interpretation schließt soziale Verantwortung und ethische Maximen (Ermöglichung der Entfaltung für alle Menschen) mit ein. Ins Detail geht Dichter nicht – er steht jedoch in seinen Wertvorstellungen auf dem Boden humanistischer Ideale: „Wollen wir unser … Leben … genießen, müssen wir einen Moralbegriff entwickeln, der … angemessen ist. Ein solcher Moralbegriff darf nicht Genusssucht und ein verweichlichtes Leben verteidigen, sondern die Idee, dass das Grundziel unseres Lebens die menschliche Würde ist und dass wir uns … selbst verwirklichen können[105]". Dichters Denunziation durch Vance Packard als „geheimer Verführer" (1957) sowie die Apostrophierung der Motivforschung und ihrer Methoden als „Verführung" und „Manipulation" lassen sich meines Erachtens nicht aufrecht erhalten. Wie schon erwähnt geht Dichter ja an mehreren Stellen seiner Werke auf diese Vorwürfe ein[106].

„Motivations-Denken bedeutet auch auf kommerziellem Gebiet nicht, die Menschen wie Schachfiguren hin und her zu schieben, oder ihr Unterbewusstsein zu manipulieren, um sie zum Kauf überflüssiger Dinge zu überreden[107]". Zum Ersten handelt es sich um keine „magischen[108]" Methoden – die Wirksamkeit bzw. die Möglichkeit zur Einflussnahme findet ihre (natürliche) Grenze bei der

Grundhaltung, der Grundeinstellung[109] eines Menschen. Motivation ist lediglich ein (emotioneller) Stimulus, keine Zwangsbeglückung (dies im Gegensatz zur Sichtweise des Behaviorismus[109a]). Zum Zweiten geht es auch nicht darum, Konsum um des Konsums willen zu propagieren, sondern Konsum als Instrument der Persönlichkeitsentfaltung sinnvoll zu unterstützen. Tatsache ist, dass die Wirtschaft nicht ausschließlich auf dem Prinzip der Bedarfsdeckung beruht, sondern den Typus einer Ökonomie des Überflusses[110] darstellt. Wir leben nicht nur von vernünftiger Bedarfsdeckung, sondern auch von irrationalen Bedürfnissen[111] – Emotion vor Ratio. Viele Produkte dienen der emotionalen Erweiterung der Persönlichkeit und haben so ihre Berechtigung. Missbrauch einer „Technologie" ist immer möglich – das macht die Technologie nicht unmoralisch.

Auch handelt es sich bei der Motivforschung um keine Arkandisziplin – im Gegenteil, die Verhaltensmuster bzw. Motivationen sollen ja bewusst gemacht werden (und werden publiziert …). Wenn jene offenkundigen Mechanismen zu Werbezwecken eingesetzt werden, dann besteht natürlich die Möglichkeit, Menschen zu täuschen – oder auch im Positiven zu motivieren (Stichwort: A- und B-Projekte[112], siehe oben). Generell ist Einflussnahme immer vorhanden – die Frage ist nur, warum so viel Angst da ist, diesen Einfluss gezielt (im Positiven) einzusetzen – ist es vielleicht die (prinzipielle) Angst vor Wandel, vor dem selbstständigen Agieren, dem Verlassen des „statischen" Paradieses der Unwissenheit (Fatalismus) und ist daher die Einflussnahme moralisch negativ besetzt …?[113] Dichter plädiert für die Unterstützung eines evolutiven Weges mit Hilfe gezielter Einflussnahme – sei es, um das „Spiel" mit den Dingen in Gang zu bringen (Wirtschaft), sei es, die Menschen zum ethisch Besseren hin zu verändern (Motivforschung als pädagogisches Instrument). Die Grenzen sind fließend – die Entscheidung, ob moralisch oder nicht, von Fall zu Fall zu treffen. Jegliche deontologische, absolute Regelung würde der Problematik nicht gerecht werden. Die moralische Verantwortung wird niemandem abgenommen.

Kreative Wissenschaft – Plädoyer für konstruktiven Optimismus

Fortschrittsglaube und Wissenschaftsoptimismus, positive thinking, the American way of life („Pionierdasein") und Religionskritik auf dem Hintergrund puritanischer Tradition sind nur einige der Bezugspunkte Dichterscher Ideen.

Dichter ist jedoch auch Europäer und steht – nicht zuletzt auch durch seine Ausbildung – in der großen philosophischen Tradition des Humanismus. Trotz seines durchaus wissenschaftlichen Anspruches ist er kein Wissenschafter universitärer Tradition, sondern fundierter Mediator zwischen Theorie und Praxis. Sein narrativer Stil der Wissensvermittlung ist ganzheitlich, Dichter ist ein Dichter („Ernesto Poeta"), ein Geschichtenerzähler, ein Rabbi der Werbung. Dichter ist Überzeugungstäter, enthusiastischer Prediger („teaching and preaching", wie er selbst es mit gehörigem Sendungsbewusstsein oftmals bezeichnet), der „überzeugen will, nicht überreden[114]". Er betont seine europäische, wissenschaftliche Ausbildung, um gleichzeitig amerikanischen Pragmatismus zu propagieren – formuliert als Wissenschaftskritik. Dichter charakterisiert sich einmal als gelungener Prototyp dieser Mischung: „In meinem Beruf (sc. als Motivforscher) ... habe ich eine Reihe von Prinzipien zu verwenden gelernt, und vielleicht war es eine glückliche Heirat zwischen der europäischen Philosophie, philosophischer Ausbildung und dem Pragmatismus Amerikas, die sich in mir selbst vollzog[115]". Nicht die wissenschaftliche Doktrin ist Ziel und Maxime seiner Forschungen, sondern die Anwendbarkeit bzw. Verwertbarkeit der von ihm durch Empirie und Intuition erkannten Prinzipien – nicht theoretische Philosophie, angewandte Philosophie ist Dichters Credo. Als Philosoph ist Dichter – wen überrascht es – Konstruktivist. „Allen Menschen wohnt wohl die Neigung inne, ihre Welt als überschaubare und vollkommene Einheit zu organisieren" – geistig zu konstruieren. Lücken zu lassen ist eine Nachbildung der Wirklichkeit, die sich die Werbung zu Nutze macht – „eine Lücke erzeugt eine gewisse Spannung, stimuliert und löst Motivationen aus" – Brain-Script und Brain-Spot (siehe unten Interview mit Christian Mikunda). Dichter sieht sich auch als Pädagoge – er will beeinflussen, will zum Guten erziehen, nachzulesen zum Beispiel in einer frühen Europa-Studie[116]. Dichter fungiert als ethisch motivierter Animateur, der den Weg zeichnet, mit den menschlichen Realitäten als Therapeut und Pädagoge umzugehen im Stande ist und mit den Mitteln medialer Kommunikation Bewusstseinsbildung im großen Stil betreiben will[117]. Er ist dabei Optimist für die Zukunft – frei nach Helmut Gansterers „Good news".

Ernest Dichter zeichnet die Vision von einer „historischen Entwicklung ..., dass endlich ein Zusammenschluss (europäischer und in der Folge aller Staaten) auf freiwilliger Basis erfolgt, wo jeder die Verschiedenheit ... des anderen anerkennt und, anstatt mit ihm eifersüchtig zu konkurrieren, seine eigene Besonderheit und echte psychologische Individualität und Stärke entwickelt. Ich glaube, dass die nationale Flagge endlich durch eine neue Flagge, durch ein Symbol der Freiheit des Individuums und der Orientierung zu größerer und furchtloser Reife der Menschheit ersetzt werden muss.[118]"

Ernest Dichter als Aufklärer, Psychotherapeut und Philosoph der Freiheit – Freud, Kant u. a. m. in ihren praktischen Konsequenzen[119]. „‚Antifatalismus' und ‚Why not?' – beides habe ich wahrscheinlich unbewusst in Österreich gelernt und dann ins Ausland exportiert. Das Schicksal nicht zu akzeptieren, sondern es zum Vorteil zu verwenden, in neue Herausforderungen zu übersetzen: Die meisten ‚Überlebenden' haben das gelernt oder lernen müssen ... Die meisten Träume sind verwirklichbar, wenn man den Mut hat und man optimistisch genug ist.[120]"

Den Menschen zu „psychologischer Unabhängigkeit" zu motivieren, zu seiner Würde, und ihn zur (inneren wie äußeren) Entfaltung – auch im transzendenten, grenzüberschreitenden Sinn – zu bringen, ihn (nach Alfred Adler) zur Veränderung zu ermutigen, die Angst vor dem Neuen zu nehmen und so zu neuen Dimensionen des Seins und des Sinns menschlichen Lebens vorzudringen, bleibt Verdienst eines „kreativ Unzufriedenen": Ernest Dichters.

Ernest Dichter – Prediger, Pädagoge und „Gutmensch"

Die Dimension des Philosophen, des Pädagogen, ja des fast charismatischen „Weltverbesserers" sind in den letzten Abschnitten angeklungen – die „Predigt" ist allerdings immer unmittelbarer als der Kommentar... – deshalb zum Schluss noch einmal O-Ton Dichter...:

„Wollen wir, dass sich die Menschen so verhalten, wie wir es für richtig finden, genügt es nicht, moralische Forderungen zu erheben. Anstatt die Zehn Gebote ständig zu wiederholen, müssen wir uns öfters fragen, warum wir nicht in der Lage waren, sie zu befolgen. Wir alle lehnen die Sünde ab, aber das Problem bestand immer und besteht noch heute darin, einen gangbaren Weg zu finden, die Menschen weniger sündhaft zu machen.

Die Strategie der Menschenführung bietet zwei Alternativen: die des Theologen und die des Sozialwissenschafters. Keine von beiden hat sich bis jetzt als sehr wirkungsvoll erwiesen. ... Die Sozialwissenschafter waren so beschäftigt, die *Wahrheit* über das Wesen des Menschen herauszufinden und ihre Ergebnisse mit vielen Dezimalstellen niederzulegen, dass sie keine Zeit mehr fanden, sich mit den Alltagsproblemen des Wirtschafters und Politikers zu befassen. ... Das Tragische daran aber ist – wenn sich der Wissenschafter hinter der ‚Wahrheit' seiner Wissenschaft verbarrikadiert und behauptet, er wisse die richtige Antwort auf die Frage nicht oder er brauche drei Jahre, um eine Lösung zu finden –, dass dann der Mann der Praxis seine Entscheidung allein fällt. Er tut dies ohne die elementarsten Kenntnisse, die ihm der Sozialforscher zweifelsohne hätte vermitteln können. Es gibt in der Tat Hunderte von Alltagsproblemen, die zur Domäne der Sozialwissenschaft gehören, aber nur für sehr wenige werden Lösungsmöglichkeiten angeboten.

Die Sozialwissenschafter haben versucht, Begriffe zu formulieren oder Maßstäbe anzulegen, ehe sie sich überhaupt klar waren, was es zu erfassen galt. Der Glaube an Empirismus und die Ableitung von Schlussfolgerungen auf Grund von Beobachtungen oder objektiven Grundlagen, im Sinne des Aristoteles, ist – im Licht moderner Erkenntnis- und Wortlehre (Semantik) betrachtet – höchst fragwürdig. Ich glaube, dass wirksame wissenschaftliche Forschung von einer Hypothese ausgehen muss.

Ferner scheint es mir zweifelhaft, ob die herkömmliche strenge Teilung zwischen Diagnose und Therapie in einem Gebiet angebracht ist, das konkreter und praktischer Hinweise bedarf. ... Unsere Art der Forschung, unser Motivations-Denken, richtet sich mehr nach den Methoden menschlicher Strategie, die notwendig sind, um das erstrebte Ziel zu erreichen. Die Frage, die wir uns vor der Analyse eines Motivations-Problems stellen, lautet: ‚Was muss ich wissen, um den Klienten bei der Gestaltung seiner Werbung, seines Absatzes oder in der Lösung werblicher oder erzieherischer Probleme zu beraten?' Dieser pragmatische Standpunkt hat mich zu der Erkenntnis geführt, dass sich die individuellen Probleme, denen eine bestimmte Institution gegenübersteht, nicht sehr stark von denen weit größeren Ausmaßes unterscheiden, die in nationalem oder internationalem Rahmen ständig anfallen. Sie sind gar nicht so verwirrend und unlösbar, wie sie zunächst vielleicht erscheinen mögen. Hier wie dort gibt es eine ganze Reihe typischer Kommunikationsfehler[121], die immer und immer wieder begangen werden. Durch klares Verständnis und Erkennen dieser Fehler können wir dazu beitragen, eine verbesserte Form überzeugender Kommunikation zu Tage zu fördern.

Beispielsweise sind wir immer noch voll Illusionen über die Wirksamkeit verbaler, logischer und direkter Annäherung. Wir haben so lange in einer physischen Welt gelebt, dass es uns zweitausend Jahre nach Christi Wirken oder fünftausend Jahre nach Moses noch nicht gelungen ist, an die Macht des Geistes und der Seele zu glauben. Erst jetzt werden wir allmählich gewahr, dass wir in ein Zeitalter der Psychologie eingetreten sind. ... Wir sind Zeugen vieler geistiger und psychologischer Konflikte. Sie zu erkennen und sich für die Verwendung wirksamerer Kommunikationsmethoden, die uns den richtigen Weg finden lassen, zu entscheiden, scheint mir eine der wichtigsten Aufgaben in beinahe jeder Lebensphase zu sein. ... Doch glaube ich, ehe wir nicht versuchen, zu einer globalen, allumfassenden Vorstellung menschlicher Ziele und Strategie vorzudringen, werden wir nicht in der Lage sein, individuelle Aufgaben klar zu erkennen und sie in richtiger Weise zu erfüllen. Was uns fehlt, ist eine neue Form der Freiheit – nämlich die, neue Denkwege zu beschreiben. Die Motivforschung ist somit die praktische Anwendung von Methoden der Sozialwissenschaft auf die Probleme menschlicher Motivation."[122]

C. S.

Die Lebensuhr

Erinnerung eines Freundes

Peter Scheer

Meine Erinnerungen an Ernest Dichter, seine Geschichte und Geschichten – ich war sein Arzt und Freund – will ich auf dem Symbol der Uhr aufbauen. Die Uhr als Symbol der Zeit, als Erinnerung an eine prägende Erfahrung in Ernests psychotherapeutischer Praxis, die Uhr als Symbol seiner Tätigkeit als Motivforscher in den USA und als Symbol der Wiederkehr nach Österreich, zuerst als Mensch, der seine Familie besucht und letzten Endes mit dem Nachlass seiner Schriften.

(Der Nachlass Ernest Dichters wurde 1995 von der Republik Österreich angekauft und befindet sich im Ernest-Dichter-Archiv der Bibliothek des Instituts für Publizistik und Kommunikationswissenschaft an der Universität Wien – die Materialien warten noch auf umfassende wissenschaftliche Aufarbeitung, Anm. d. Red.).

Die ungewöhnliche Intervention, die ungewöhnliche Lösung war das Bestimmende in seinem Leben. Nie das Selbstverständliche und das Offensichtliche. Er studierte in Wien Psychologie und schloss sich der Psychoanalyse an, die damals sehr streng die Enthaltsamkeit des Analytikers predigte. Seine Erinnerung an eine Therapie mit einem jungen Mann hat mich sehr beeindruckt.

Ernest erzählte, dass er in Wien einen depressiven jungen Mann in Therapie bekam. Er litt unter den für die Depression typischen Symptomen, berichtete unter anderem, dass er keine Kontakte mehr hätte, niemanden träfe u.a.m. Ernest Dichter hörte ihm zu. Es kam ihm der Gedanke, dem jungen Mann aufzutragen: „Zählen Sie die Uhren auf ihrem Weg von zu Hause zu mir in die Ordination!" Diese Intervention war ganz gegen die Anordnungen seiner Lehrer. Die psychotherapeutische Doktrin war: Keinen eigenen Impuls geben – nur zuhören und interpretieren. Der junge Mann berichtete aber froh: „15 Uhren, Herr Dr. Dichter! Außerdem habe ich noch fünf Bekannte getroffen und mit ihnen ein paar Worte gesprochen. Deshalb habe ich mich heute leider verspätet." Ernest lachte. Der erwünschte Effekt war eingetreten. Der junge Mann hatte, um die Uhren zu sehen, den Kopf gehoben und so seine Bekannten gesehen. Plötzlich fand er wieder Bekannte. Die depressive Wahrnehmung, dass keiner mehr mit ihm sprechen wollte, war der Realitätssicht gewichen, dass er niemanden mehr gesehen hatte, weil er mit dem Kopf immer nach unten blickend ging.

Ein neuer Aspekt des depressiven Problems war gefunden. In der Einschätzung der Psychoanalyse als der witzigsten psychologischen Spielerei dieses Jahrhunderts waren Ernest und ich immer einig. Die vernichtenden Sätze von Karl Kraus zur Psychoanalyse („... die Krankheit für deren Behandlung sie sich hält") hatten uns zwar beide aufgeregt, aber wir konnten ihnen eine gewisse Berechtigung nicht absprechen. Besonders die Ablehnung, den Menschen durch Rat zu helfen, das Korsett der Abstinenz, also jener scheinbar teilnahmslosen Haltung des Psychotherapeuten hinter der Couch, stieß uns jedoch ab.

Im Grunde war Ernest ein Erfinder neuer Lösungen. Die talmudische Geschichte eines Rabbi hat so gut auf ihn gepasst, dass ihm meine Antwort auf diese Geschichte wie selbstverständlich vorkam. „Ein Mann kommt zu einem Rabbi. „Rabbi", sagt er „seit ich reich bin, treffe ich niemanden mehr." „Komm," sagt der Rabbi „stell' dich vor das Fenster. Was siehst Du?" „Ich sehe Bäume, Büsche, Tiere. Dort in der Ferne sehe ich einen Bauern, der sein Feld mit seinem Ochsen bestellt." „Und jetzt stell' dich vor den Spiegel. Was siehst Du?" „Ich sehe mich." „Siehst Du," sagt der Rabbi „kaum tut man ein bisschen Silber hinter das Glas, sieht man nur mehr sich selbst!" – Weisheit, Erfindungsgabe, wie sie wohl auch am Anfang der Entwicklung der Psychoanalyse, der Verweltlichung der Einsichten jüdischen Wissens in die westliche Kultur, gestanden hat. Erkenntnisse, die schon lange vorher bestanden, die viel über den Menschen und seine Motive, seine Schwäche und seine Möglichkeiten wussten, aber in den Ghettos gefangen gehalten wurden. Erst durch die Befreiung des Judentums aus den Ghettomauern und durch die Zulassung jüdischer Studenten konnte sich dieses Wissen akademisch formulieren. Eine kurze Zeit, zwischen 1848 und 1938 befruchtete dieses Wissen Wien und seine akademische Welt, die Welt in der Ernest aufwuchs.

Da war einerseits sein Psychologiestudium, das damals von der neuen Gestaltpsychologie des Ehepaars Bühler-Hetzer geprägt wurde. Erkenntnisse naturwissenschaftlich aufbereitet, voller Tatendrang, die Lage der Arbeiterklasse aufzuklären. Der Wunsch, neue Maßzahlen für das Verhalten der Menschen zu finden, Intelligenz als mobile und trainierbare Grundvoraussetzung menschlichen Lebens zu definieren.

Da war der so genannte Wiener Kreis um Moritz Schlick, dem die Studenten nachliefen, um seine Sicht der Dinge zu verstehen. Diese Sicht war geprägt vom Glauben an den Menschen, von der Traurigkeit über seine Schlechtigkeit, wie sie sich zuletzt in den Giftgasangriffen des Ersten Weltkriegs gezeigt hatte. Vor allem vom Wissen um die Grenzen aber auch die Möglichkeiten menschlicher Erkenntnisse, wie sie sich in den Entdeckungen der Physik und der anderen Naturwissenschaften zeigten.

Für einen jungen Menschen, der Psychologie studierte, gab es dann noch die Psychoanalyse, die sich gegen die „äußerlichen" Erkenntnisse der Psychologie richtete. Die Psychoanalyse behauptete, die Innenseite der Motive erkennen zu können. Sigmund Freud trat an, um zu zeigen, dass man die Wünsche und Motive eines Menschen besser erkennen könnte, als derjenige selbst es zu wissen im Stande ist. Die Idee des Unbewussten passte aber erstaunlich gut in eine Zeit, in der das Staunen über die Bestie Mensch schon vorhanden war, aber noch nicht jenes Ausmaß angenommen hatte, das erst das Wissen um die industrielle Ausrottung des mitteleuropäischen Judentums ermöglichte.

Die Rassenfrage überraschte Ernest Dichter. Nicht, dass er nicht die judenfeindlichen Äußerungen seiner Kommilitonen von der Universität kannte. Nicht, dass er nicht wusste, dass es eine eindeutige Strömung in Wien gab. Seine Überraschung betraf vor allem ihn selbst, da er – im Gegensatz zu seinen Brüdern – eine bürgerliche Karriere eingeschlagen hatte. Er hatte sich nicht politisch organisiert, er war nicht der sozialdemokratischen und später der kommunistischen Partei beigetreten, er war treu bei Freud und der Psychoanalyse geblieben, hatte eine bürgerliche Frau geheiratet und eine Praxis als Psychologe und Psychotherapeut eröffnet.

Die Geschichte seiner Flucht aus Österreich ist weder ungewöhnlich noch besonders interessant. Wie viele entschließt er sich spät, wie viele ist er zunächst ungenügend vorbereitet. Sein kommerzielles Genie und seine Erkenntnisse aus der Psychoanalyse fanden aber in Paris als Emigrant in einem Einfall einen Höhepunkt: Er fand heraus, dass die Menschen Markenware bevorzugen. Also kaufte er billige Mäntel und ließ sich die Aufnäher von damals berühmten Marken, wie zum Beispiel Burberry oder französischen Edelmarken, erzeugen. Dann nähte er selbst die Markenkennzeichnung in die Mäntel ein und verkaufte sie gut. Zwei Dinge zeigen sich in dieser Geschichte: Ernests Erkenntnis vom eigentlichen Wert einer Ware für den Käufer, der nicht ausschließlich durch objektive Kriterien, wie die Qualität des Stoffes oder die Verarbeitung erklärt werden kann (das, was Karl Marx im Kapital in dem Kapitel: „Über den Fetischcharakter der Ware" angedeutet hat) und seine wirtschaftlichen Interessen und Fähigkeiten. Statt ständig von Hilfsorganisationen zu leben, verdiente er so gut, dass er mit seiner Frau überleben und sich schließlich doch auch einigermaßen auf seine Reise in die USA vorbereiten konnte.

Ernest freute sich auf die Veränderung durch die Emigration, er sah seiner Praxis in Amerika begeistert entgegen. Er fand zunächst nicht das beste Auskommen, die Bedingungen und Möglichkeiten für einen Immigranten nach Amerika waren am Anfang schlecht. Die große Hilfe kommt von seiner Tochter. Das Kind, das den Vater bewundert, ersucht ihn um Einblick in seine Tätigkeit. Ernest montiert heimlich ein Mikrophon in seinem Behandlungszimmer, und die Tochter hört einer psychoanalytischen Sitzung zu. Nachher fragt sie der Vater, was sie gehört hat. Die Tochter antwortet kurz: „Daddy, ich finde du kannst mehr, als eine lange Stunde nur immer „Hmm" sagen!" Ernest berichtet diese Szene als jenen Moment, in dem er aufgehört hat, fünfzig Minuten lang immer wieder auf die Uhr zu starren und „Hmm" zu sagen. Er ist erschrocken, aber neu geboren. Zuerst hatte er Europa verlassen, eingehüllt in den Kokon der Psychoanalyse, die er als die neue Wissenschaft empfand, im Stande, sich dem Geheimnis Mensch anzunähern und ihm zu helfen. Nun reißt ihm seine noch nicht zehnjährige Tochter auch noch diesen Kokon weg. Er steht, um es mit Nestroy zu sagen, mit den Hemdsärmeln in der Freiheit und fragt sich, was tun?

Bekannt sind nur jene Juden geworden, die in der Emigration in ihrer Sprache und Kultur Erfolg hatten. Jene Unzähligen, die diesen Wechsel nicht geschafft haben, die daran zerbrachen, oder unspektakulär langsam an Armut und Einsamkeit zu Grunde gingen und bis heute noch gehen, von denen hört man nichts. Deren Schicksale sind langweilig, uninteressant und entsprechen nicht dem Vorurteil der Judenhasser, die glauben, dass die Juden immer wieder Erfolg haben. Sie übersehen dabei die vielen, die am Weg sterben.

Ernest Dichter gehörte nicht zu diesen. Die Beendigung seiner psychoanalytischen Praxis war für ihn eine unerwartete Chance. Er begann, wie es sich für einen Psychologen gehört, Meinungsumfragen zu machen. Mit Fragebögen von Haus zu Haus. Immer wieder erzählte er mir, dass er dabei jeden Respekt vor der Psychologie der Marktforschung verloren hat. Die schlichten Fragen, die an die Konsumenten gestellt wurden, die nie im Stande waren, das Konsumverhalten vorherzusagen, die Verliebtheit in Statistik und Zahlen statt Inhalten waren ihm zuwider. Er hatte nichts gegen den Kapitalismus und die Idee, dass man Güter, die man herstellt, auch verkaufen muss. Er fand nur die Art der Erhebung, die Sammlung von Zahlenfriedhöfen dumm. Der Psychoanalytiker regte sich. Er wollte über die Bedeutung der Konsumgüter für die Menschen etwas wissen. Seine Art, Interviews zu führen, wich stark vom vorgegebenen Text ab. Er interessierte sich mehr und mehr dafür, was Menschen eigentlich kaufen. Ernest erzählte mir, dass sich die Auftraggeber für seine Erkenntnisse anfangs nicht interessierten. Sein Wissen, das er in seinen Interviews gewann, konnte nicht in Zahlen gegossen werden, seine Denkart war nicht amerikanisch. Durch die Anwendung der Psychoanalyse auf Werbung und Marketing war das Konzept der Motivpsychologie erfunden, an der Ernest Dichter großen Anteil hatte.

Wenn wir heute darauf zurückblicken, war es wie bei allen großen Entdeckungen: einfach und auf der Hand liegend. Wen man annimmt, dass unbewusste Motive bei allen Lebensentscheidungen, auch bei denen, die wir nicht treffen, eine Rolle spielen, so muss auch bei Kaufentscheidungen das Unbewusste eine Rolle spielen. Also war die Verbindung von Psychoanalyse und Marketing klar: Das Ansprechen der unbewussten Motive musste zu einem erhöhten Interesse am Kauf führen. Ernest war das schneller klar, als seinen Kunden. Vor allem war die Bedarfsweckungswirtschaft im Krieg nicht wirklich das Problem. Nur die Menschen in den USA hatten so viel Güter zur Verfügung, dass es sich lohnte, Werbung zu machen. Der Rest der Welt war eher arm und bedürftig. Aber es gab schon Produkte, die im Überfluss vorhanden waren und eigentlich nicht gebraucht wurden.

Kaugummi ist zum Beispiel ein Produkt, das niemand wirklich braucht. Er wird immer über etwas anderes verkauft. Also zum Beispiel, so wie heute, über die Zugehörigkeit zu einer Gruppe, die man sich durch einen speziellen Kaugummi erwirbt oder über das Versprechen, dass man dadurch bessere Zähne hat oder dass einen ein Mädchen eher küsst, wenn man nach der Pfefferminze des Kaugummis aus dem Mund riecht als nach den soeben gegessenen Zwiebeln. Also wird Kaugummi als Hilfe für das Küssen verkauft. Heute ist diese Art des Denkens in der Werbepsychologie selbstverständlich geworden. Zur Zeit, als Ernest diesen Gedanken formulierte, war er neu.

„Die geheimen Verführer" war das Buch, das ihn eigentlich berühmt machte. Ein Mitarbeiter, den er entlassen hatte, weil er nicht loyal war, verriet seine „Geheimnisse" und machte ihn weltbekannt – Ironie der Geschichte …

Dieser Bestseller enthält unter anderem auch die Schilderung von Einkaufsverhalten und Motiven von Käuferinnen im Supermarkt. Zum Beispiel, dass Mütter ihren Kindern alle Artikel, die sie gern hätten, verbieten, bis sie zur Kasse kommen. Dort werden sie schwach, wenn die Kinder allzu unruhig werden oder den Müttern eine Szene machen, weil sie sich vor der Kassiererin schämen und nicht als schlechte Mütter dastehen wollen. Vorschlag Dichters als Konsequenz dieses Verhaltens: bei der Kasse Süßigkeiten zu postieren und immer zu wenig Kassierinnen zu haben. Dadurch müssen die Kunden bei der Kasse warten und kaufen noch etwas. Im Grunde ist die Anordnung eines Supermarkts bis heute durch diese Erkenntnis von Ernest Dichter geprägt.

Die Eroberung Detroits, die Welt der hart gesottenen Autoerzeuger, war Ernests Großtat. Ohne Geld, nur mit einer Idee schrieb er ihnen. Er wüsste, was zu machen sei, um den Verkauf anzukurbeln. Man lud ihn ein, wider jede Erwartung. Ernest wollte ihnen sein Konzept vorstellen, nämlich folgendermaßen:

dass die Männer zunächst in die Autogeschäfte gingen und dort Sportwagen oder Cabrio in der Auslage bewunderten, sich alles zeigen ließen und dadurch Lust auf einen Autokauf bekämen – die Bewunderung des Sportwagenmodells als Motiv. Zu Hause berichten sie davon und schwärmen. Das nächste Mal ist die Frau dabei und entscheidet, dass ein Kombi gekauft werden muss, weil nur dieser den Bedürfnissen der Familie entspricht. Da der Mann sein Traumauto in diesem und keinem andern Geschäft gesehen hat, bleibt er diesem Geschäft auch treu, weil ihm sein Unbewusstes einredet, dass er bei diesem Auto wenigstens denselben Motor hat. Deshalb müssen Ausstattungsdetails des Kombis auch an den Sportwagen erinnern.

Als Dichter den hohen Herren des Autokonzerns diese Gedanken erläutert, kommt ihm plötzlich die Idee, die Präsentation mit einem Spiel zu beginnen. Er fragt die Automanager, wer bei ihnen zu Hause die Entscheidung bei einem Autokauf träfe. Alle antworten: natürlich sie selbst. Dann beginnt er nach Modell und Marke der Autos zu fragen. Alle hatten ein Firmenauto zur Repräsentation und ein Privatauto, das ihre Frau ausgesucht hatte (und damals in den USA auch schon lenkte). Nun wurden sie stutzig. Bisher hatten sie alle Autos an einen virtuellen Mann verkauft, in Männerzeitschriften annonciert, bei Fußball und Boxturnieren Werbung gemacht und ihre Autos zu verkaufen versucht. Frauen kamen weder in ihren Firmen noch in ihren Werbekonzepten vor. Die Idee, eine Autoreklame in einer Frauenzeitschrift zu platzieren, war bisher niemandem gekommen. Der Einfall, die Manager nach ihren eigenen Autos zu fragen, hatte Ernest den ersten großen Auftrag beschert. Das neue Werbekonzept machte sie zum größten Hersteller von Autos für Jahre.

Die Uhr im Auto

Ernest war der „Erfinder" der Uhr im Auto. Er meinte: Wer ein Auto kauft, will schnell sein. Wer schnell sein will, will wissen, wie schnell er ist. Die Antwort, dass man das am Tachometer sähe, ließ er nicht gelten. Denn Schnelligkeit sei nicht allein eine Frage der Geschwindigkeit. Mit der Uhr im Auto werde Schnelligkeit symbolisiert, nicht Geschwindigkeit, wie beim Tachometer. Man machte den Versuch, in Autos eine Uhr einzubauen. Und Ernest hatte mit den Uhren fast immer Glück im Leben. Die Uhr machte das Auto – selbst in den

USA mit den strengen Geschwindigkeitsbestimmungen – subjektiv schneller und wurde so zu einem Wettbewerbsvorteil.

Doch auch bei dieser innovativen Idee gilt es, sie weiter zu entwickeln, nicht stehen zu bleiben – nicht (frei nach Goethe, den Moritz Schlick immer wieder zitiert haben soll) stehen zu bleiben: „Verweile doch, Du bist so schön!" Die größte „Sünde" des Menschen ist es, die Zeit anhalten zu wollen, sich nicht mehr strebend zu bemühen, keine neuen Einfälle zu haben und sich zur Ruhe zu setzen. Dieser Stillstand war Ernest ein Gräuel. Er wollte immer in Bewegung bleiben, keine Schwäche, keine altersbedingten Schmerzen konnten ihn davon abhalten, sich zu bewegen, Einfälle zu haben und Neues auszuprobieren. Konsequenterweise ärgerte er sich daher, dass Jahrzehnte später „seine" Uhr noch immer in jedem Auto zu finden war. „Was hat das heute für einen Sinn?" pflegte er zu sagen. „Nur damit die Menschen sich noch schlechter fühlen, wenn sie im Stau stecken. Dazu gibt man ihnen eine Uhr?" Die Abschaffung der Uhren in den noblen Autos hat er nicht mehr erlebt. Aber die Verzweiflung über die geringe Flexibilität des Menschen schon.

Die Wiederkehr des Alten und Verbrauchten

Insgesamt fand Dichter, dass Österreich stecken geblieben sei. Kein neuer Einfall, immer kam er schimpfend von seinen Vorträgen zurück, lobte zwar die Küche, die Strudeln und Torten, die (fehlenden) Ideen erschütterten ihn aber meistens. Jene Art originellen Denkens, die in Aspekten dennoch Einheit in Widersprüchen (zum Beispiel auf emotionaler Ebene) zu erkennen im Stande ist, fand er hier noch weniger vor, als in den USA. Er wollte hinter die Dinge, hinter die offensichtlichen Motive schauen.

Ein Beispiel: „Was tun die Menschen, wenn sie Sportgeräte kaufen? Wollen sie wirklich abspecken, wirklich trainieren? Sicher, einige wenige schon. Aber die Masse will schon so sein, wenn sie das Gerät, oder die Ausrüstung kauft. Die Menschen kaufen sich mit der Ausrüstung die Bestätigung, dass sie jung sind, dass sie gut aussehen und dass sie so sind, wie sie sein wollen. Also darf man ihnen nicht Anstrengung, physische Marter verkaufen, sondern muss ihnen den Wunsch verkaufen, den sie haben. Die Sportartikelhändler jedoch verkaufen Mühsal, indem sie Artikel anbieten, die die Menschen nicht benützen können, oder die sie erst kaufen können, wenn sie schlanker, trainierter sind. So kann man Massensport nicht verkaufen. Wenn Menschen Sportartikel kaufen, werden manche diese Artikel dann auch nützen – der Rest hat eine Illusion gekauft und ist damit aber auch glücklich."

Wenn Ernest das den Sportartikelhändlern präsentierte, empfanden sie dies mitunter als unseriöse Beratung. Sie hatten das Ethos, dass man nur das verkaufen könne, was auch wirklich den Fähigkeiten des Einzelnen angemessen sei. Die Einheit der Widersprüche, dass manche ohnehin „vernünftig" – gemäß ihrer Disposition – mit den Sportgeräten umgingen und es dem Rest (der lediglich den sportlichen Status einkaufen wollte) zumindest nicht schade, der Branche aber überdies auch noch nützte, das konnte Ernest nur einigen wenigen begreiflich machen. „Warum," meinte er in diesem Zusammenhang, „nehmen sich die Leute hier so ernst? Wieso sehen sie nicht das Spiel in ihrer Tätigkeit. Wie machen die das?"

Die Uhr in Hietzing

Manche Ratschläge konnte Ernest nicht annehmen, weil sie seiner Vorkriegssparsamkeit widersprachen. Er musste zu einem Vortrag nach Hietzing in das Parkhotel Schönbrunn. „Wie kommt man dorthin?" fragte er. „Mit dem Taxi!" war meine Antwort. „Aber es gibt doch eine wunderbare U-Bahn heutzutage", sagte er. „Nicht für dich, Du verdienst zu viel." Ernest fuhr mit der U-Bahn. Er sah auf die Uhr in der Station. Ein scharfer Novemberwind fuhr ihm in den Mantel, als er aufblickte. Fast wäre er gefallen. Nette Menschen halfen ihm gegen den Wind ins Freie zu kommen. Von der U-Bahn sind es nur etwa dreihundert Meter zu Fuß, um in das Hotel zu kommen, wo er reden sollte. Sie kamen ihm sehr, sehr lange vor. Mit Mühe und Not erreichte er das Hotel. Er wollte nie wahrhaben, dass seine Uhr schon sehr lange und bereits langsam ging, dass seine Uhr ihn dazu zwingen wollte auf sie Rücksicht zu nehmen. Fast hätte ihn die Uhr in der Hietzinger U-Bahn umgebracht.

Meine Erinnerungen an Ernest Dichter sind die an einen unermüdlichen Forscher im eigentlichen Sinn des Wortes. Vorhandene Antworten waren ihm lästig, bekannte Antworten langweilig und Menschen, die sich mit solchen Antworten zufrieden gaben, unerträglich. Oft sagte er: „Wie kann man es mit dem, oder jenem aushalten. Der denkt doch nicht." So empfand er Stillstand des Geistes unerträglich. Sich den Menschen als Forscher nähern, ob es für die Verbesserung der Verkaufszahlen war oder um ihnen zu helfen – das erachtete er als Ziel. Nie stehen bleiben, nie innehalten, immer in Bewegung – so wird Ernest allen, die ihn kannten, in Erinnerung bleiben. Ein Mensch, der zufrieden ist, ist im Sinn des menschlichen Strebens tot. Er hat in der bürgerlichen Gesellschaft seinen Platz verloren, er ist für die Menschheit unnötig geworden. Insofern gab es für Ernest auch keine Pension im Sinne des so genannten wohlverdienten Ruhestands. Der Ruhestand machte ihm eher Angst, so wie er ja in der

Tat den meisten Pensionisten Angst macht, die deshalb immer vorgeben müssen, keine Zeit zu haben.

Eigentlich ist es komisch, von Ernest in der Vergangenheit zu sprechen. Für ihn gab es keine Vergangenheit, nur die Zukunft, die Entdeckung des Neuen, die Eroberung neuer Erkenntnisse und die Erweiterung menschlichen Wissens. An Ernest zu denken zwingt einen, sich selbst in Frage zu stellen. Als Österreicher mit der hier so üblichen Rückbezüglichkeit, dem Museum Österreichs im Herzen, der Pflege der Schriftsteller des fin de siècle …

An Ernest zu denken erinnert einen an die vornehmste Aufgabe des Menschen: Neugierig im besten Sinn des Wortes zu sein, unternehmerischer Philosoph, mutig und unbekümmert gegenüber den unvermeidbaren Fehlern, die man macht, wenn man nachdenkt und freudig teilhat an den Fähigkeiten und Schwächen des menschlichen Lebens. In seinem Haus in Peekskill waren daher – anders als bei anderen Emigranten – nicht vor allem Erinnerungsstücke an Österreich, sondern Awards der Firmen zu sehen, denen er durch die Motivforschung geholfen hatte. Die Errichtung einer besseren Welt war für ihn eine konkrete, kapitalistische Utopie, nicht eine Ersatzreligion, wie sie seine Brüder im Kommunismus gefunden hatten.

Für uns Hinterbliebene ist seine Lebensauffassung aus der Philosophie der Machbarkeit der Zwischenkriegszeit Auftrag: Nicht stehen bleiben, jeden Tag nutzen und Neues wahrnehmen, dem Zufall eine Chance geben und sich an seinen berühmtesten Werbespruch für Esso erinnern: „Pack den Tiger in den Tank", mit dem er Autofahrern eine Identität der Kraft und Stärke verkaufte, wie sie bis dahin nur Fürstenhäuser in ihren Wappen für sich in Anspruch genommen hatten. Der Tiger im Tank der praktizierenden Wissenschaft gibt Mut für die Fährnisse des Lebens, gibt Auftrag für Menschen jeden Alters, sich zu bewegen und jeden Tag neu und neugierig zu beginnen.

„Ich glaube, es gab etwas in meiner Persönlichkeit, das ihm die Kraft gegeben hat…"

Hedy Dichter

Ein Leben mit Ernest

Episoden eines jüdischen Emigrantenschicksals zwischen Hoffnung und Erfüllung

Hedy Dichter aus Gesprächen mit Gerd Prechtl

Ich war ein Einzelkind, aber doch nicht ganz allein. Meine Mutter wollte immer eine Schwester für mich haben. Ich hatte eine Cousine aus der Slowakei, die bei uns wohnte. Sie kam eigentlich aus dem kleinen Dorf Lubochna, wo sie keine Möglichkeit der Erziehung gehabt hätte. Dazu ist zu sagen, dass meine Familie aus verschiedenen Nachbarländern der alten Monarchie stammte, sie war in diesem Sinn international, jüdisch, ohne besonderen religiösen Ehrgeiz. Sie war durch die Verwandtschaft mehrsprachig und ich erinnere mich, dass ich als Kind recht gut ungarisch konnte. So ist die Cousine aus der Slowakei als ein Teil dieser weitgespannten Verwandtschaft zu sehen. Meine Mutter machte mit ihrer Schwägerin aus, immer eines von den fünf Kindern zu uns herüber zu schicken damit es in Wien zur Schule gehen konnte.

Die Cousine, von der ich spreche, war nur ein Jahr älter als ich. Wir sind zusammen zur Schule gegangen. Sie hat sich für Gymnastik und Tanzen interessiert, und das hat mich natürlich auch sehr stark motiviert. Mein Fach war das Klavierspiel, aber da die Cousine Tanzen gelernt hat, bin ich auch mitgegangen. Meine Entscheidung für das Klavier war aber ausschlaggebend, und so bin ich später Konzertpianistin geworden. Der Anfang war natürlich nicht leicht, der eigentliche Klavierunterricht begann an der Musikakademie als ich sieben Jahre alt war. Ich war – auch unter den ganz Jungen – die jüngste, und es war natürlich vorerst eine Kinderausbildung. Die Professorin hat mein Talent durchaus geschätzt, hat mich aber ein Jahr lang zu ihrer Mutter zum Voraustraining geschickt. Ich war von der Musik begeistert und es war nicht der Ehrgeiz meiner Eltern, sondern mein eigener Ehrgeiz, der mich motivierte, täglich stundenlang zu üben. Vorerst etwa zwei Stunden, später dann natürlich acht Stunden am Tag, wie man das auch von einem Konzertpianisten erwartet. Ich habe auch eine recht gute Stimme gehabt und habe es auch mit dem Singen versucht, leider kam da eine böse Kehlkopfentzündung dazwischen, nachher hatte ich keine Chance mehr auf eine Spitzenleistung, also konzentrierte ich mich umso mehr auf das Klavier.

Ich habe mich auch relativ früh an das Publikum gewöhnt. Ich erinnere mich sehr genau an ein kleines Kinderkonzert, in dem ich mit zwei Gleichaltrigen das Haydn-Trio Nr. 1 spielte. Der Applaus hat mich natürlich begeistert und motiviert. Ich habe alle Klassiker in meinem Repertoire gehabt, das tägliche Arbeitspensum, vor allem in den ersten Jahren, waren natürlich die für die Geläufigkeit unerlässlichen Czerny-Etüden. Auch mein Examen habe ich mit einundzwanzig Jahren an der Akademie mit Auszeichnung bestanden, mein Prüfungsprogramm war ausschließlich Mendelssohn, weil sich meine Professorin das bestellt hatte.

Begegnung im Straßenbahnwagon

Mein Studium und meine Arbeit am Klavier haben mir nicht sehr viel Zeit für jugendliche Unterhaltungen gelassen. Ich hatte auch wenige Flirts, obwohl ich mich durchaus nicht für schüchtern halte. Im Sommer war ich immer bei meinen Verwandten in einem Dorf in der Tschechei, dort gab es ein paar Burschen, die sich für mich interessierten. Aber das war nichts Besonderes.

Von Bedeutung war hingegen ein schöner Tag, den ich einer Freundin aus Rumänien verdanke, die in Wien studierte und an sich ziemlich einsam war. Sie kam jeden Nachmittag zu uns. Eines Tages sagte sie: „Wir machen einen Ausflug. Fünf Mädels und fünf Burschen. Wollt ihr mitgehen?" „Na klar" sagten wir. Einer von diesen fünf Burschen war Ernest Dichter. Zuerst hab ich ihn nicht angeschaut und er hat mich nicht angeschaut. Er hat mit meiner Cousine angebandelt. Wir sind mit der Straßenbahn in den Wienerwald gefahren und sind dort wandern gegangen. Wir waren den ganzen Tag unterwegs. Auf der Rückfahrt dann hat sich Ernest neben mich gesetzt und wir haben angefangen zu reden. Er hat sich für Theater und Musik interessiert und wie wir ausgestiegen sind, hat er mich gefragt, ob ich einmal mit ihm ins Theater gehen wollte. Ich stimmte zu, weil ich ja sowieso keinen anderen Freund hatte. Wir sind ins Burgtheater gegangen und auch in Konzerte. In der schönen Jahreszeit haben wir Ausflüge nach Grinzing und Sievering gemacht; für Heurigenbesuche hatten wir zu wenig Geld – ich eher als er, weil ich selbst immer wieder verdient habe und mein Vater eigentlich ein kleiner Fabrikant war, allerdings hat er 1929 in der großen Krise, so wie viele andere, fast sein ganzes Geld verloren und es ging uns nicht viel besser als der Familie meines Freundes.

Ernest Dichters Vater war übrigens zur Zeit unserer Bekanntschaft schon tot. Er hatte sein Geld als Hausierer verdient, wie man in Wien sagt, als „Bandlkramer". Aber die knappen finanziellen Verhältnisse haben uns nicht alle Lebensfreude genommen.

Wir waren nicht immer zusammen, ich war nach wie vor jeden Sommer auf Urlaub in der Tschechei. Ernest hat mir aber immer Briefe und Gedichte geschrieben. Leider hab ich gar nichts mehr aus dieser Zeit. Denn als ich weg bin von Wien, hab' ich alles zurückgelassen. Diese Zeit ist schriftlich für mich vorbei, und das tut mir jetzt sehr Leid, denn er war wirklich ein Poet, ein Dichter. Er hat sehr schöne Gedichte geschrieben. Eine meiner Cousinen, mit der ich eine sehr enge Verbindung hatte, hat mir gesagt: „Du, der liebt dich. Den musst du heiraten." Aber ich brauchte eine sehr lange Zeit, um mich auf eine Beziehung mit dem Ernest einzulassen, am 17. Juli 1935 haben wir dann endlich geheiratet.

Ernest hatte übrigens noch vor unserer Verheiratung zwei Jahre sein Studium in Paris gemacht. Dort hatte er eine Freundin namens Tassia. Die hat ihn auch ein wenig unterstützt und – wie ich glaube – ihn motiviert, sich der Psychologie zu widmen, denn er wollte ja eigentlich Journalist werden. Ich habe Tassia später kennen gelernt, sie war Israeli und hatte zu dieser Zeit einen israelischen Freund. Sie war eine sehr liebe Person. Ich hatte den Eindruck, dass sie Ernest wie einen Sohn betrachtete, weil sie auch etwas älter war. Das war also kein Problem.

Mit dem Geld mussten wir uns immer herumschlagen. Ernest hatte einen einzigen, sehr reichen Onkel, den Onkel Leopold, der hat das Warenhaus „Dichter" gehabt, im 16. Bezirk. Er hat den Ernest sehr geliebt, mehr als seine eigenen Kinder, die immer eifersüchtig waren. Er gab ihm einen Job in seinem Warenhaus, und da war Ernest ein Schaufensterdekorateur. Ernest hatte da sehr viele neue Ideen. Eine Idee war, eine Puppe mit den Kleidern des Warenhauses, auf einen drehenden Tisch, wo er den Motor selber angebracht hatte, zu setzen. Und wo wir gerade dabei sind, Ernest hat auch selbst Radios zusammengebaut. Er war sehr geschickt mit seinen Händen. Er hat alles Mögliche gebastelt.

Der reiche Onkel hat sich aber für unseren Lebensunterhalt keineswegs ganz und gar verantwortlich gefühlt. Er kam etwa zur Hochzeit in den Tempel, hat mich angeschaut und gesagt: „Servus Braut, ich bin dein Onkel." Dann ist er aber wieder aus unserem Leben verschwunden, er hat uns auch niemals besucht.

Ernest hatte zwei Brüder, mit denen er sich aber nicht sehr gut verstanden hat. Das hatte sicher sehr persönliche Gründe, auch politisch waren sie nicht einer

Meinung, sie waren natürlich Linke, wie alle in unserem Freundeskreis, aber Ernest war eher ein Sozialdemokrat und seine Brüder waren Kommunisten. Die haben gesagt: „Ernest ist der Aristokrat in der Familie, weg mit ihm!" Sehr viel später hat es dann doch eine Aussöhnung gegeben.

Die Polizeihaft und die Erfindung des „Fru-Fru"

Das politische Interesse und die wissenschaftlichen Kontakte brachten Ernest auch in den Kreis von Paul Lazarsfeld, Hans Zeisel und Mitzi Jahoda, die durch ihre Studie „Die Arbeitslosen von Marienthal" berühmt wurden und später die von ihnen entwickelte quantifizierende Soziologie nach Amerika bzw. nach England brachten. Das Sensationsbuch der Lazarsfeld-Gruppe im Jahre 1933 brachte sie mit der immer aufsässiger werdenden Polizei in zunehmende Schwierigkeiten, was zuletzt zu ihrer Emigration führte. Ernest kam dabei zum Handkuss, weil bei den Einvernahmen der Mitzi Jahoda sein Name ins Gespräch kam. Die Faschisten glaubten, Ernest habe sich unter dem Codenamen „Milch" illegal betätigt. Ernest sagte dazu nur: „Milch ist Milch, und nicht mehr".

Für mich war die Polizeihaft von Ernest natürlich ein bedrückendes Erlebnis, ich erinnere mich an den Tag, als er plötzlich verschwand. Es war der 27. November 1936. Ich hab' ihn den ganzen Abend lang gesucht, aber ich konnte ihn nicht finden. Meine Eltern teilten sich die Wohnung zu dem damaligen Zeitpunkt noch mit Ernest und mir. Meine Mutter hatte vor Jahren für die Jahodas gearbeitet, daher kannte sie die Familie, und nach einigen quälenden Stunden sagte sie zu mir: „Warum rufst du nicht mal die Mitzi an?". Das tat ich dann auch, und da kam der Bruder zum Telefon. Ich fragte ihn: „Wissen Sie, wo Ernest Dichter ist?". Er antwortete darauf: „Wahrscheinlich dort, wo meine Schwester ist". „Und wo ist Ihre Schwester?" „Das weiß ich auch nicht so genau, aber geben Sie mir bis morgen Früh Zeit und ich werde versuchen, es herauszufinden".

Man kann sich vorstellen, was das für eine Nacht für mich war. In der Früh hat er mich dann eben angerufen und sagte: „Ja, die sind alle auf der Elisabethpromenade, also im Polizeigefängnis" „Um Gottes willen, warum?" fragte ich. „Das weiß ich nicht. Aber dort ist Ihr Mann", erwiderte er. „Kann ich ihn besuchen?" fragte ich. „Wissen Sie, es wäre gut, wenn Sie einen Anwalt hätten". Die Hedy und einen Anwalt! Ich hatte doch kein Geld. Die Mutter von meiner Jugendfreundin, die damals meine Schülerin war, und heute in Australien lebt, war eine sehr aktive Sozialistin. Und die besorgte mir damals einen Anwalt, obwohl ich kein Geld hatte. Also ging ich zu diesem Anwalt, ein Herr Dr. Plaschkes, und erzählte ihm die ganze Geschichte. Am Ende meiner Erzählung sagte ich zu ihm: „Herr Doktor, ich habe kein Geld. Wie werde ich Sie bezahlen können?" Daraufhin sagte er: „Keine Sorge, Sie brauchen mich nicht zu bezahlen, denn ich werde gar nichts tun. Sie werden es erledigen. Ich werde Ihnen sagen, was Sie zu tun haben." Er hat mich von Pontius zu Pilatus geschickt, er hat mich Briefe schreiben lassen, ich war den ganzen Tag beschäftigt. So ging das ein Monat lang, dann wurde Ernest bei der Weihnachtsamnestie freigelassen. Man hat ihm nichts nachweisen können, weil er ja tatsächlich politisch nicht aktiv war. Hier kommt noch ein wichtiger Umstand dazu, wir waren zwar eingesessene Österreicher, der Vater Ernests hatte aber die polnische Staatsbürgerschaft. In der alten Monarchie war das ja kein gravierendes Problem. Schließlich hat uns dieser Umstand wahrscheinlich bei der Ausreise und bei der Flucht vor dem Nazi-Regime geholfen. Die Regierung hat uns ausgewiesen.

Da sollte ich vielleicht noch sagen, wie die faschistische Polizei auf den seltsamen Decknamen „Milch" gekommen ist. Ernest hatte damals bereits sein Talent für die Anwendung der Psychotherapie auf Geschäftsleben, Markt und Werbung entdeckt – also das, was er später als Motivforschung begründete. Eine seiner Kundschaften war eine Molkerei, die sich Sorgen machte, weil ihr Produkt ein wenig uninteressant angeboten wurde. Ernest hat diesen Leuten gesagt: „Geben sie doch ein bisschen Marmelade oder Obstsaft hinein." Ich glaube, so wurde in weiterer Folge das „Fru-Fru" erfunden.

Bruder, lass den Kopf nicht hängen

Ernest war ja immer schon vielseitig, er hat wegen seiner Werbeberatungstätigkeit auf seine Arbeit als Psychotherapeut nicht verzichtet. So hat er etwa – wie vielleicht schon gesagt wurde – dem depressiven Burschen geholfen, der immer gebückt ging. Das ist schon eine bekannte Anekdote. Er hat dem Buben gesagt: „Wenn Du wieder zu mir kommst, erzähl mir, wie viele Standuhren Du unterwegs gesehen hast." So geschah es auch und der Bub war ganz verwandelt, weil er durch das Hinaufschauen wieder die Gesichter gesehen und etliche Bekannte getroffen und begrüßt hatte. Wie hieß es doch im Kinderfreunde-Lied? „Bruder, lass den Kopf nicht hängen, kannst ja nicht die Sterne sehen!"

Diese therapeutische Episode war dann der Schlüssel zu unserem Emigrationsleben: nach der erfolgreichen Behandlung des depressiven Buben hatte der Vater nämlich ganz begeistert dem Ernest versprochen: „Wenn Sie einmal etwas brauchen, will ich für Sie da sein." Daran hat sich Ernest dann in der größten Not erinnert, er ist zu dem Mann gegangen und hat gesagt: „Ich muss weg." Und der

Freund sagte: „Ich hab' ein Geschäft in Paris. Warum kommen Sie nicht zu mir und ich gebe Ihnen einen Job?" Das hat er dann gemacht. Der Job war nicht wirklich ein Job, denn es war eine Kommissionsgeschichte. Dieser Mann hat nämlich damals „Labels" verkauft, und das ist ja nicht wirklich das leichteste Geschäft. Das war aber Ernests Arbeit. Er hatte kein Fixum sondern nur Kommission.

Ich bin zu dieser Zeit noch in Wien geblieben, denn ich musste das Schuljahr zu Ende bringen. Das war ganz gut so, denn anfangs hat Ernest ja – wie gesagt – nicht viel verdient und ich hab' ihm Geld geschickt von dem, was ich durch Klavierstunden verdient hab'. Im Juni bin ich dann nachgefahren und hab niemandem gesagt, dass ich nicht wiederkomme. Wir hatten ein kleines Appartement, das aus Kisten bestand und einem Bett. Die Wohnung hatte ein Zimmer mit Klo, Küche und Waschraum in einem. Es gab auch ein französisches Fenster, von dem wir auf den Hof sehen konnten.

Ernest hat dann alles Mögliche gearbeitet. Damals war ja die Weltausstellung und da hat er als Verkäufer gearbeitet. Er ist sogar nach England gefahren, wo er Klienten hatte. Er hat dann auch journalistisch gearbeitet. Da hat er dann einen Mann kennen gelernt, der ein Radioprogramm hatte „Von Paris nach Wien". Dadurch, dass Ernest Deutsch konnte, hat er ihn engagiert, die Nachrichten in Deutsch anzusagen.

Ernest wollte aber dann weg von Paris. Er hatte einen Brieffreund, der sein Cousin war. Dieser Cousin war ein Anwalt in Connecticut, und ihn hat Ernest gefragt, ob er uns eine Einladung schicken könnte. Er hat uns dann ein Formular geschickt, das Ernest dann ausgefüllt hat. Aber man musste damals als Einwanderer beweisen, dass man über finanzielle Mittel verfügte. Ernest hat das sicher schon erzählt: Er war in höchster Bedrängnis, denn es war die Zeit kurz vor der Machtübernahme Hitlers; wir mussten schnell weg aus Europa. Die Einladung des Cousins hat uns also allein nicht sehr viel geholfen, Ernest ging verzweifelt auf das amerikanische Konsulat. Die Dame dort war sehr nett, und sagte uns, wir sollen schnell zwei Fotos machen und uns registrieren lassen, denn in ein paar Wochen sei es zu spät. Wenn wir uns aber jetzt registrieren würden, hätten wir eine gute Chance. Das taten wir dann auch.

Das Fräulein fragte Ernest dann: „Sind Sie Priester? Sind Sie ein Anwalt? Sind Sie dieses oder jenes?" Ernest konnte nur Nein sagen. Schlussendlich fragte sie dann: „Sind sie Journalist?" Ernest sagte: „Ja, ich schreibe." Das Fräulein beauftragte ihn dann, einen Beweis zu bringen, dass er als Journalist in Amerika arbeiten könnte. Also ging Ernest zu jemandem, der ihm einen Nachweis seiner journalistischen

Tätigkeit geben konnte. Der sagte zu ihm: „OK, aber wir wissen ja beide, dass das ein Schwindel ist. Ich sag' Ihnen jetzt gleich, wenn ich mal etwas von Ihnen brauche, dann müssen Sie mir helfen." Ernest sagte: „Sicher, sicher, ich helfe Ihnen".

Also brachte Ernest diesen Beweis zum Konsulat, und die Dame machte für ihn einen Termin beim Konsul aus. Der Konsul war ein sehr netter Mann, der später der Botschafter in Russland wurde. Ernest und ich gingen also zum Konsul ins Büro, und er erkannte sofort, dass der so genannte „Beweis" nicht wirklich ein Beweis war. Ernest sagte dann: „Ich bin wirklich enttäuscht. Die Amerikaner wollen nur Geld und wir haben kein Geld. Ich sollte fünftausend Dollar pro Person haben, um eine Einreisegenehmigung zu bekommen, wir aber haben nur hundert Dollar". Der Mann aber war sehr freundlich und sagte: „Seien Sie nicht so aufgeregt. Was würden Sie in Amerika machen?" Das war das erste Mal, dass Ernest ein wirkliches Gespräch hatte, wie er das Marketing ändern wollte. Der Konsul war fasziniert. Er versicherte uns dann, dass er sich persönlich dafür einsetzen würde, dass wir nach Amerika kommen könnten. Wir waren im siebten Himmel ... Es passierte dann aber einige Zeit lang nichts und Ernest war inzwischen schon wieder nach London gereist, um seine Labels zu verkaufen und unser Alltag ging weiter. Eines Tages aber erhielt ich ein Telegramm, dass wir beim Konsul erscheinen sollten. Wir gingen also hin, und als wir zum Konsul ins Büro kamen, liegt auf seinem Schreibtisch ein Brief mit einem großem „OK" darauf. Er fragte den Ernest: „Wissen Sie, was ‚OK' bedeutet?" und Ernest erwiderte „Wer weiß das nicht!" So also bekamen wir unser Visum und die Aufenthaltsgenehmigung. Ich hatte eine amerikanische Schülerin, deren Mutter eine bekannte Persönlichkeit an der amerikanischen Börse war. Ihr Name war Aurene Lob. Ich erzählte ihr, dass wir ein Visum nach Amerika hätten. Sie sagte mir, dass sie uns helfen könnte, und ich muss noch immer weinen, wenn ich an diese Geschichte denke, denn die ganze Geschichte ist wie im Märchen. Wir hatten ja kein Geld für die Überfahrt, also bin ich zu einer jüdischen Reederei gegangen und schilderte denen unseren Fall, und die gaben uns tatsächlich zwei Tickets. Wir hatten eine kleine Kabine auf der „De Grasse". Dieses Schiff wurde später im Zweiten Weltkrieg versenkt. Als wir in unsere Kabine kamen, war eine kleine Karte auf dem Tisch worauf stand: „Welcome to America!" Das war von dieser Mutter meiner Schülerin. Sie hatte auch einen kleinen Brief geschrieben, in dem sie uns mitteilte, dass sie für uns ein Zimmer in einem Privathaus in New York reserviert hatte.

Denkgenie – Sprachgenie

Ernest wurde sofort zum Amerikaner. Er war ein Sprachentalent. Er konnte Französisch ohne Akzent. Ich werde nie vergessen, wie er im Süden Frankreichs, wo die Menschen sehr antisemitisch waren, irgendeinen Konflikt mit einem anderen Mann hatte, doch dieser erkannte nicht, dass Ernest eigentlich gar kein Franzose war. Jedenfalls konnte er perfekt Englisch mit einem Ost-Akzent. Das hat allerdings einen speziellen Hintergrund.

Als er anfing bei Chrysler/Plymouth, sagte ihm sein Boss, er solle auch mit der Werbeabteilung der Firma zusammenarbeiten. Durch diesen Job hatte Ernest eine Sekretärin. Deren Bruder machte eine Radiosendung mit dem Titel „Woher kommst du?" und kannte daher alle möglichen Akzente. Die Sekretärin fragte Ernest, ob er nicht seinen Akzent verlieren wolle. Er sagte: „Ja natürlich!" Also arrangierte sie ein Treffen mit ihrem Bruder. Der Bruder fragte Ernest dann: „Woher willst du kommen? Aus Boston, aus New York, …" „Ich denke, ich wäre gerne aus New York" antwortete Ernest. Also fingen die beiden an zu trainieren. Ernest hatte Karten mit Worten, und er musste immer versuchen, die Worte mit einem amerikanischen Akzent auszusprechen. Nach einer Weile hatte er überhaupt keinen Akzent mehr. Er war einer der wenigen deutschsprachigen Immigranten ohne Akzent.

Konzerne auf der Therapiecouch

Seine Motivforschungsaktivität begann bei Plymouth, Ernest schlug einen Werbeslogan vor, dem Sinn nach: „Wir können Ihnen nicht ihr erstes Auto zurückgeben, aber wenn Sie in den Plymouth steigen, wird es das gleiche Gefühl sein". Diese Werbekampagne war so ein Erfolg, dass Plymouth ein Wachstum von dreißig Prozent hatte. Jedenfalls hatte er dann ein Interview mit dem Time Magazin, der Titel lautete: „Junger Wiener findet eine Goldgrube für Plymouth". Das war es, was ihn zu Ernest Dichter gemacht hat.

Es gibt da noch die Geschichte mit der Ivory-Soap von Procter & Gamble. Jedenfalls kam Ernest auf die Idee, die Leute nach ihren Badegewohnheiten zu fragen, anstatt nach ihren Seifen. Das Ergebnis daraus war der Slogan: „Sei smart, hab'nen frischen Start, mit Ivory-Soap." Er wurde wirklich wahnsinnig gelobt. Ivory-Soap brachte Procter & Gamble einen riesigen Gewinn.

Später traf er den Präsidenten des Radio- und späteren TV-Senders CBS, Frank Stanton. Der sagte zu Ernest: „Wenn du jemals einen Job brauchst, komm zu mir". Ernest warb dann für Seifenopern, und Seifenopern hatten damals immer einen „Führer". Ernest war gegen das. „Warum müsst ihr immer so eine faschistische Figur haben?" fragte er. Ich weiß nicht, was daraus wurde, aber Ernest etablierte sich in den Medien.

Vater-Sohn-Konflikt, frei nach Freud

Das waren die Jahre, in denen unsere Kinder zur Welt kamen. Erst der Tom, und zwei Jahre später die Tochter Susi*. Wir wollten eine gute Familie sein, freilich hat Ernest sehr viel arbeiten müssen, dennoch war er zu Hause, so oft er konnte und hat sich sehr mit den Kindern beschäftigt.

Leider kommen die Schwierigkeiten, wenn die Kinder größer werden. Insbesondere mit Tom hat er sich nicht sehr gut verstanden. Tom war frustriert mit so einem populären Vater. Später dann, an der Columbia-Universität, war Dichter einfach ein Hauptthema, und das war nicht leicht für Tom. Es war sehr schwer für ihn, seine Identität bekannt zu geben – ständig mit dem berühmten Namen des Vaters konfrontiert zu sein. Das hat eine lange Zeit gedauert. Ich weiß nicht, ob er jemals mit seinem Vater Frieden geschlossen hat.

Wir hatten eine Farm in Montros, wo wir unseren Sommersitz hatten, und da waren sehr viele Kinder. Ich hatte mich entschieden, dass die Kinder eine Beschäftigung brauchten. Es wurde zu einem kleinen Kindercamp. Tom hat dann dort einen sehr guten Freund gefunden, der bis jetzt sein bester Freund ist. Diesen Freund hab' ich vor einigen Jahren wieder gesehen und gefragt: „Glaubst du, der Tom hat endlich Frieden gemacht mit seinem Vater?" und er sagte: „Ich weiß nicht. Wahrscheinlich nicht." In letzter Zeit ist Tom aber ein bisschen milder geworden. Er ist jetzt 60. Vielleicht hat er's jetzt überwunden. Es ist natürlich seltsam, dass ein Psychotherapeut in der eigenen Familie Generationsschwierigkeiten hat und den Freud'schen Ödipus-Komplex sozusagen nachvollzieht. Aber man sagt, es ist wie beim Schuster: Der Schuster hat immer zerrissene Schuhe.

Es war zweifellos eine turbulente Ehe, in der es auch Krisen gegeben hat. Zum Teil wegen der Kinder. Ich habe aber immer versucht, ein Gleichgewicht in der Familie zu finden und einen drastischen Riss zu vermeiden. Ich versuchte mein Bestes, Ernest und Tom in Schach zu halten. Leider war Ernest nicht immer zugänglich, er versuchte die Probleme zu übergehen. Vielleicht hängt das damit zusammen, dass er sich persönlich zu wenig geöffnet hat. Das hat zu tun mit sei-

---

* Die Enkelin Ernest Dichters, Risa Diemond Arbolino, hat ihre Dissertation zum Thema *„Agricultural Strategics and Labor Organisation, an Ethno Historical Approach to the Study of Prehistoric Farming in the Taos Area of Northern Mexico"* ihrem Großvater, Ernest Dichter, gewidmet, der sie durch seine Arbeit in mannigfacher Weise inspiriert hatte. Die Denkweise von Ernest Dichter lebt also in vielen Teilen der Welt auf höchst unterschiedliche Weise weiter und beeinflusst uns auch heute.

ner ursprünglichen Schüchternheit. Er war ein in sich gekehrter Mensch. Obwohl man das nicht glauben würde, wenn man ihn nur professionell kannte. Es gab zwei Schichten in seinem Wesen. Die eine Schicht war unerhört tief und nicht leicht zugänglich.

Am Anfang, ehe er sehr beschäftigt war mit seiner Karriere, hatten wir eine wunderbare Beziehung. Später dann ist diese tiefe Schicht nur zu ganz guten Zeiten herausgekommen. Entweder er hatte das Gefühl, dass ihn das Privatleben zu viel Zeit in Anspruch nahm, er dachte aber gewiss, dass sich die Probleme, insbesondere mit Tom, allmählich auflösen. Er wollte, dass Tom mit ihm arbeitet – das wiederum wollte Tom nie, obwohl er es getan hat. Tom wollte – schon als sehr Junger – dass ihm der Vater etwas von seinem Vermögen gibt. Ernest achtete sehr auf sein Geld, was ganz gewiss auf seine sehr arme Jugendzeit zurückging, in der er sehr viel sparen musste. Das Geld hatte für ihn symbolische Bedeutung. Bis zu seinem Tod hatte Ernest ein Angstgefühl, dass er wieder verarmen könnte. Er hatte einen sehr guten Freund, der auch mit ihm auf die Universität gegangen ist, Poldi Winter, und der hat immer zu ihm gesagt: „Jetzt kannst du dir schon die Schinkensemmel erlauben. Warum nicht?"

Es war keine Liebe auf den ersten Blick, es dauerte eine Zeit. Doch mit der Zeit ist die Beziehung immer tiefer geworden. Für mich ist der Ernest nie gestorben. Eine Fortsetzung seines Lebens lebt in mir. Manchmal hab' ich das Gefühl, als stünde er hinter mir und sagt: „Ja, ja ... mach nur weiter" und das gibt mir Kraft. In den letzten Jahren hat Ernest immer wieder gesagt: „Was würde ich bloß ohne dich machen?" Ich glaube, es gab etwas in meiner Persönlichkeit, das ihm die Kraft gegeben hat, und ich glaube, es war eine gegenseitige Kraft.

Eine Kraft, die bis heute wirkt ...

Die Art und Weise der Wirkung in unserer Zeit hat Franz Kreuzer im Gespräch mit dem Werber Patrick Schierholz, dem Mediendramaturgen Christian Mikunda, und einem der wissenschaftlichen Wegbereiter des Konstruktivismus, dem Psychotherapeuten Paul Watzlawick, herausgearbeitet:

„Der Köder muss dem Fisch schmecken, nicht dem Angler"

Helmut Thoma

Dichter lebt

Motivforschung und Werbung heute

Franz Kreuzer im Gespräch mit …

Unheimlich gute Verführer

Patrick Schierholz

Kreuzer: Es geht mir vorerst darum, Ernest Dichters Platz in seinem Fach zu erörtern. Hat er die Motivforschung wirklich entdeckt oder erfunden, oder war so etwas eigentlich immer schon da? Sie haben mir schon im Vorgespräch gesagt, Religionsgemeinschaften haben das immer schon gehandhabt und die politische Propaganda auch.

Schierholz: Es gibt Erkenntnisse, nach welchen Motiven Menschen handeln, von verschiedensten Psychologen, unter anderem natürlich auch von Freud, der weit in die Tiefe gegangen ist – Tiefenpsychologie. Dichter hat das Wesentliche heraus gearbeitet, auf die Anwendung hin bezogen.

Kreuzer: Als Freud-Schüler.

Schierholz: Das weiß ich nicht so genau. Er hat jedenfalls das Wissen aus der Psychologie der menschlichen Handlungsweisen im Zeitalter der Industrialisierung, vor allem in der nach dem Zweiten Weltkrieg folgenden Entwicklung in Massenproduktion, des Marketing sowie des Verkaufs in großen Mengen durchleuchtet. Das älteste Buch, das ich von ihm kenne, ist das „Handbuch der Kaufmotive", sicherlich ein richtungsgebendes Werk.

Kreuzer: Das war eines seiner ersten Bücher, ja. Das hat er nach seinem praktischen Erfolg geschrieben.

Schierholz: Das *Handbuch der Kaufmotive* ist ja nichts anderes als die umfassende Sichtung der psychologischen Erkenntnisse. Er hat sie geordnet und zusammengefasst. Es ist wirklich ein Handbuch, in dem man nachschlagen kann, in dem drin steht, wenn du etwas verkaufen willst, dann musst du folgende Regeln beachten, weil die Menschen nach diesen Motiven handeln.

Kreuzer: Also, um auf unser Motto einzugehen. Die Einsicht war schon vorher da. Wenn du als Angler einen Fisch fangen willst, dann muss der Köder dem Fisch schmecken und nicht dem Angler.

Schierholz: Richtig. Basiswissen, auf dem Ernest Dichter aufgebaut hat. Wie schon erwähnt: Die katholische Kirche hat sich ja auch sehr mit den Motiven der Menschen beschäftigt, nicht aus reiner Menschenliebe, sondern aus Interessen, aus zum Teil kommerziellen Interessen, aus Macht-Interessen. Die Kirche hat zweitausend Jahre lang angewandte Motivforschung betrieben. Sie hat etwa ganz pragmatisch wesentliche Institutionen für sich beansprucht. Da war zum Beispiel das Zeitmonopol – alle haben auf den Kirchturm schauen müssen, um die Uhrzeit zu erfahren. Wehrkirchen hatten militärischen Nutzen. Im Rahmen des Glaubens und der Lehre sind Angst und Hoffnung instrumentalisiert worden, um Menschen zu leiten.

Kreuzer: Damit wir der katholischen Kirche nicht zu viel Gutes oder Schlechtes nachsagen – das tun eigentlich alle Religionen. Das haben auch schon die Schamanen und die Häuptlinge gemacht.

Schierholz: Und mit ihnen das ganze Instrumentarium der Macht durch Häuptlinge, Könige.

Kreuzer: Also hat man nicht auf Ernest Dichter warten müssen, um zu erkennen, dass die Motive im Partner liegen – wie immer er gestaltet sein mag. Er hat das für unsere Zeit nutzbar gemacht.

Schierholz: Alles, was es an Kaufmotiven gibt, hat Dichter vorgefunden. Er hat das Undurchsichtige durchsichtig gemacht, analysiert und für die Konsumenten nutzbar gemacht.

Kreuzer: Vor Dichter war Werbung eine Ankündigungswerbung. Mein Mineralwasser oder Cola löscht den Durst, mein Auto fährt schnell oder mein Putzmittel putzt sauber. Aber was Dichter entdeckt hat, ist eben, dass hinter diesen offenkundigen Sachargumenten, die vor allem für Sachprodukte noch immer gelten, die größere Zahl der hinzukommenden Produkte eben durch die Nutzung hintergründiger, untergründiger, tief sitzender Motive begehrenswert gemacht werden. Der legendäre Musterfall ist ja die Pleite eines Automodells der Firma Ford, namens Edsel, das bei den puritanischen erzogenen amerikanischen Frauen irgendeine eine schiefe Vorstellung impliziert hat. Die Analyse war freudianisch.

Schierholz: Ich kenne die Geschichte anders.

Kreuzer: Wie geht die andere Geschichte?

Schierholz: Da steckte ein Irrtum drin! Wenn man genug Leute fragt, kriegt man von den Leuten Antworten, die insgesamt aussagekräftig sind. Wenn man die Antworten zusammenfasst, dann kriegt man genau das, was die Mehrheit will. Das stimmt aber nicht, weil die Leute nicht immer das sagen was sie wirklich wollen. Edsel war der Sohn von Henry Ford, der früh verstorben ist. Man hat zu seinen Ehren Menschen befragt, wie das ideale Auto sein muss, hat diese Daten zusammengefasst und das „ideale" Auto gebaut – und siehe da, keiner wollte das Auto kaufen.

Kreuzer: Das ist auch sehr interessant: Wenn man aus den schönsten Augen, den schönsten Lippen und der schönsten Nase ein Gesicht malt, ist es gar nicht schön.

Schierholz: Und Dichter sagt, dass die Leute, wenn man sie fragt, nicht das sagen, was in ihnen steckt.

Kreuzer: Lassen wir auch die andere Version gelten. Dichter hat herausgefunden, dass die Frauen größeren Einfluss auf den Autokauf der Männer haben, als bislang angenommen. Quasi: Frau kauft – Mann zahlt …

Schierholz: Es stimmt nicht, dass die Frauen die Autos kaufen, aber ihr Einfluss ist wesentlich größer als man normalerweise glaubt – das war die Entdeckung. Man glaubt, das ist eine Männerangelegenheit: die Männer gehen hin und kaufen das Auto. Stimmt aber nicht. Die Frau ist zum Beispiel in einer Rolle, die in der Psychologie als Hüterin der sozialen Inszenierung bezeichnet wird. Das heißt, die Frau kümmert sich, auch dann wenn sie halbtags arbeitet, auch dann, wenn sie in der Regel ganztags arbeitet, ihre eigene Karriere macht, aber vor allem wenn sie die traditionelle Frauenrolle der Hausfrau hinter dem erfolgreichen Mann stehend spielt, darum, dass die „Inszenierung" stimmt. Also dass der Vorgarten in Ordnung ist, dass die Kinder ordentlich angezogen in die Schule gehen, sie hat einen sehr ambivalenten Standpunkt dazu, dass Papa sich irgend ein Auto mit viel zu viel PS kauft. Aber gleichzeitig achtet sie darauf, dass er nicht das falsche Auto fährt.

Ist sie wohlhabend oder gehört er der Oberklasse an, dann muss es halt ein Mercedes oder BMW sein.

Kreuzer: Aus meiner Zeit in Amerika hab ich einen US-Slogan in Erinnerung: „Take an Olds instead of your Chevy."

Schierholz: Das ist das alte Problem, dass man mit dem Nachbarn mithalten muss.

Kreuzer: Und wenn der einen Oldsmobile hat, dann muss man den Chevrolet loswerden. Man nennt das auch: „Keeping up with Joneses." (Mithalten mit den Nachbarn, den Müllers und Meiers von nebenan).

Schierholz: Ja. Ja. Und das ist eben sehr stark von den Frauen beeinflusst – wobei die ganze Familie, also auch die Kinder, dazukommen – und der Papa sagt: „He, wir verkaufen unseren Mercedes und kaufen einen 8-Zylinder VW", dann sagt die Frau: „He, Erwin, du spinnst, der kommt mir nicht ins Haus." Dann ist das Auto vom Tisch. Das heißt, im Umfeld dieser sozialen Inszenierung hat sie ein wesentliches Mitspracherecht. Da geht es im kleinsten Kreis um das, was Dichter „Image" genannt hat. Die Frau fühlt sich für das Image der Familie, der Ehe, ihrer selbst im Besonderen zuständig und nimmt daher Einfluss auf eine Weise, die äußerlich nicht leicht zu erkennen ist.

Was Dichter begonnen hat, ist die Arbeit eines pragmatischen Wissenschaftlers, der kategorisiert, einteilt und sich nicht zufrieden gibt. Verhaltensweisen, die bis zu einem gewissen Grad für einen vernünftigen Menschen nachvollziehbar sind, hat er einfach erkannt und niedergeschrieben. Ein Beispiel aus dem „Handbuch der Kaufmotive" ist ein Fall, wo eine amerikanische Firma im beständigen Bestreben, den Menschen mehr Bequemlichkeit zu bieten, die Produkte immer noch einfacher macht, etwa Babynahrung, in die man nur ein bisschen Wasser hineingibt, umrührt, und schon kann das Baby essen – und das Zeug ist nicht verkauft worden! Dichter hat herausgefunden, dass man einer Frau, die eine Mutter ist, die also ganz natürliche, instinktive Verpflichtung empfindet, etwas für ihr Kind zu tun, das Leben nicht zu einfach machen darf. Das ist eben auch eine Frage der Motive. Dann wurde dieses Produkt sozusagen rückentwickelt, und man hat damals gesagt, sie kann das Produkt verfeinern, indem sie etwas Milch hinzu gibt. Und damit hat man der Frau die Chance gegeben, bei einem relativ einfachen Produkt trotzdem das Gefühl zu haben, etwas für ihr Kind zu tun.

Kreuzer: Ich habe in Erinnerung, dass – vermutlich eine Generation später – ein relativ wichtiges Backteigprodukt dadurch verkauft wurde, dass man der

Frau die Gelegenheit gegeben hat, ein frisches Ei dazuzugeben. Das ist derselbe Gedanke.

Schierholz: Wenn man das mit der Milch verstanden hat, dann versteht man auch das mit dem Ei. Andererseits wollen Mütter nicht gerne Windeln waschen und aufhängen, also kaufen sie Pampers.

Kreuzer: Dass es einen Trend in Richtung stärkeren Einfluss der Frauen gibt, das geht einfach parallel mit der politischen und gesellschaftlichen Entwicklung der Emanzipation und der Aktivierung der Frauen im Beruf.

Schierholz: Es gibt da tausend historische Beispiele. Die Kirchen oder die Religionen haben versucht, die Rolle der Frauen immer wieder hinunter zu drücken. Das heißt, man hat den Status quo so lange wie möglich aufrecht zu erhalten versucht. Auf der anderen Seite – vielleicht seit Salome – wissen wir, wie die Frau auf den Mann wirkt, wenn sie tanzt und sich auszieht. Und das ist natürlich ein gesellschaftlicher Konflikt. Das heißt, einerseits neigt der Werber, um Aufmerksamkeit zu erregen, dazu: zeigen wir ein Pin-up-Girl, dann schaut jeder hin. Andererseits tut man sich halt dann mit den Frauenvereinen schwer, die dann ein bisschen empfindlich auf dieses Thema reagieren.

Kreuzer: Die vorerst überraschende Feststellung Ernest Dichters, welche Bedeutung für die Werbung den Frauen zukommt, ist inzwischen als Selbstverständlichkeit akzeptiert, wobei man Ernest Dichter fast vergessen hat. Es ist daher nicht als geistiger Diebstahl zu betrachten, wenn sein Grundgedanke immer wieder neu entdeckt wird. Jetzt ist zum Beispiel die talentierte Zukunftsforscherin Faith Popcorn dran. Ihr Buch „EVAlution" (Evolution in Richtung EVA) inklusive des zusätzlichen Kunstwortes „Girlcott" (Kaufboykott der Mädchen und Frauen, wenn ihnen Produkt oder Werbung nicht passen), ist ein Bestseller. Die wichtigsten von ihren vielen Thesen: Frauen fühlen sich als Konsumentinnen in einer Frauengemeinschaft. Daher Erfolge wie „Weight Watchers" oder „Tupperware" (Verkauf von Plastikgeschirr in privaten Wohnungen nach freundschaftlicher Einladung – eine Methode, die inzwischen um sich greift, etwa bei Unterwäsche).

Der Verkäufer muss auf die Frauen „zugehen", ihre Wünsche „von den Augen ablesen" und heimliche Wünsche erschnüffeln. Die Kundin will „auf Händen getragen" werden.
Der Solidaritätscharakter weiblicher Kaufmotivation hat auch breite gesellschaftliche Bedeutung: Wehe einer Firma, bei der ein gefährliches Kinderspielzeug entdeckt wird, die als Umweltsünder ins Gerede kommt oder deren Chef im Suff seine Ehefrau geprügelt hat!

Schierholz: Alle aufgezählten Bespiele entsprechen Regeln, die ein Greißler aus Hintertupfing beherrscht, indem er den vornehm auftretenden Kunden sofort mit „Herr Doktor" anspricht (und dessen Frau mit „Frau Doktor"). Ein guter Verkäufer geht auf seine Kunden ein, „König Kunde" ist Volksmund und keine Popcorn-Erkenntnis. Marketing plant Produkte, Werbung und Vertriebsmodelle für relevante Zielgruppen und geht dann selbstverständlich auf diese ein – das können kritische Frauen oder traditionelle Hausfrauen sein, Männer aus gehobenen Einkommensschichten mit ausgeprägtem Geltungsbedürfnis oder Meinungsbildner mit hoher Affinität zu biologischer Landwirtschaft. EVAlution ist deshalb nur eine punktuelle Betrachtung, die feststellt, dass es in der Zielgruppe „Frauen" nun nicht mehr nur die ständig um ihre Familie und das Wohl ihres Ehemannes besorgte Hausfrau der Fünfzigerjahre gibt, sondern eine Vielzahl von Gruppen mit unterschiedlichen Einstellungen und Erwartungen. Marketing plant Produkte und Aktivitäten für Zielgruppen, die Teil einer Gesellschaft sind und diese auch widerspiegeln. Folglich ist Werbung ein Abbild der Gesellschaft. Der Chef, der im Suff seine Frau verprügelt hat und dessen Ware deshalb von einigen Frauen nicht gekauft wird, entspricht dem kritischen Teil der Bevölkerung, der Shell-Tankstellen wegen einer versenkten Bohrinsel meidet oder französische Produkte boykottiert, wenn wieder einmal Atomtests im Südpazifik anstehen.

Kaufmotive ändern sich zwangsläufig mit der Gesellschaft. Was Ernest Dichter in den Fünfzigerjahren erläuterte und mit zeitgemäßen Bespielen ausstattete, bleibt daher vom Prinzip her gleich, aber die Bespiele haben sich geändert.

Kreuzer: Eines ist seltsam, wenn man die Machtübernahme der Frauen auf den einschlägigen Märkten zur Kenntnis nimmt und anerkennt, dass sie zu achtzig Prozent über diese wichtigen Budgetsegmente entscheiden: Der Siegeszug des Werbe-Sexismus ist dadurch nicht gestoppt worden. Sie selber haben mit der Palmers-Werbung die Protestwelle der ehemaligen Frauenstaatssekretärin Donahl eingeschläfert, Hans Dichand hat erfolgreich ein tägliches Nackedei und eine softpornografische, nur auf Mädchenakte beschränkte Zeichnung als Illustration der wöchentlichen Gerti-Senger-Rubrik in sein Familienblatt eingeschmuggelt. Viele Plakate und Werbespots haben Inhalte, die früher einmal kaum im „Playboy" platziert hätten werden können (Ein bisschen feministischer Protest rührt sich eben in Paris.). Was heißt das? Gönnen die Frauen den Männern diese Macho-Spiele oder sind sie vielleicht, wenn's ums Intime geht, an dieser Schlüpfrigkeit interessiert? Im Tierreich gilt ja, wie wir wissen, „Damenwahl", daher sind die Männchen in der Regel größer, stärker und viel schöner – alles nur für den Vorteil bei der Partnerwahl. Gilt für Frauen unserer – schon wieder oder noch immer – patriarchalischen Kultur so etwas, wie die

Gegenregel: Schön sein, begehrenswert sein müssen – für die Männer (die übrigens die Umsätze des ganzen Kosmetik- und Modemarktes bis zu Schönheitsoperationen zahlen)?

Schierholz: Auch hier gilt: Die Gesellschaft ist in den letzten fünfzig Jahren enorm vielschichtiger geworden – bei den politischen Ansichten, den gesellschaftlichen Regeln, in deren Äußerungen und natürlich auch im Konsumverhalten. Bis in die Sechzigerjahre hinein ließ sich die Bevölkerung wunderbar in Einkommen/Bildung/Alter ordnen. Auf den einzelnen Ebenen verhielten sich die Menschen ziemlich gleich. Daher waren auch die gesellschaftlichen Codes leicht zu orten und zu ordnen – unten, mittel, oben. Gutbürgerlich hieß: Einkaufen bei Meinl, Wäsche von Palmers, Fernseher von Grundig, Mercedes vorhanden oder angestrebt.

Das ist vorbei. Menschen verhalten sich nicht nach generellen Codes, sondern nach Inklusions- und Exklusionscodes. Sie schaffen sich Freiräume dort, wo es ihnen egal ist, um sich woanders Luxus zu leisten. So genannte „untere" Zielgruppen fahren bewusst ein besonders billiges Auto – völlig wurscht, was die Nachbarn denken – um sich einmal im Jahr einen Luxusurlaub zu leisten, gehobene Zielgruppen kaufen ungeniert in den billigsten Supermärkten, Herr Generaldirektor fährt einen Kleinwagen und ist stolz darauf.

Werblicher Sexismus – hier konkret angesprochen – ist ebenfalls ein Spiegel des Alltags-Sexismus, ein Abbild der Gesellschaft. Herr Dichand druckt schließlich seine tägliche Nackte nicht deshalb in die Kronen Zeitung, um daheim zu frohlocken, was für ein schlimmer Bube er wieder einmal war. Zum Thema Palmers sagte einmal die österreichische Motivforscherin Dr. Helene Karmasin einen Satz, der für mich seit Jahren einer der schönsten und anschaulichsten zum Thema ist: „Mit dieser biederen Reizwäsche von Palmers verhält es sich so, wie mit dem Revolver im Hosenbund mancher Männer. Man geht eigentlich davon aus, dass man ihn nie auf Menschen richten wird, aber …" Das heißt folglich: Wenn ich Männer mit dem Revolver „für alle Fälle" vorführen will, sollte ich ihn in seiner Höchstform abbilden. Und genau das haben die Palmers-Plakate mit der Reizwäsche gemacht – wie wir wissen mit Erfolg.

Wer vermutet, jede Frau, die sich besonders auffällig herrichtet und sexy kleidet, sei automatisch auf Männerfang, der irrt. Hier geht es um gesellschaftliche Muster – die Parallele zum Tierreich bzw. ihrem Gegenstück. Wir sind geprägt davon, dass eine Frau attraktiv sein muss, schön sein muss, um sich wohl zu fühlen. „Jung und schön" ist gesellschaftlich erstrebenswert, das ließ sich bisher nicht „aufklären" und „wegdiskutieren", wobei die Umsätze der Kosmetik- und

Modeindustrie, wie auch der plastischen Chirurgie, nicht ausschließlich von Männern bezahlt werden, sondern in immer höherem Maße von den Frauen selbst – und zusätzlich sind die Männer zu einem größer werdenden Anteil selbst Konsumenten.

Kreuzer: Nochmals zur Erkenntnis: Der Köder muss dem Fisch schmecken, nicht dem Angler.

Schierholz: Da kommt eine raffinierte Zusatzüberlegung dazu: Man kann den Köder auch heimtückischer Weise zu groß machen – und doch Erfolg haben.

Kreuzer: Wie geht das?

Schierholz: Die Regel heißt: Stell das Cabrio ins Fenster, wenn du die Limousine verkaufen willst. Der Käufer wandert um dieses Cabrio herum, das zwei Ledersitze hat, irrsinnig viel Chromzierrat, und wahnwitzig teuer ist. Dann denkt er daran, dass er drei Kinder hat, was er verdient, und das Cabrio verändert sich sozusagen in seinem Kaufentscheid immer mehr. Dann sieht er die Limousine dieses Cabrios in einer spärlicheren Ausstattung, die dann wesentlich weniger kostet, aber wesentlich praktischer ist, um die Kinder unterzubringen und das ganze Gepäck – und kauft! Wenn die Limousine im Fenster gestanden wäre, wäre der Mann nie ins Geschäft gekommen. Angelockt hat ihn das Cabrio. Der Köder ist das Cabrio, das viel zu groß war, um es zu schlucken – er schluckt dann letztlich das, was er verdauen kann. Und das hat dann eben Dichter herausgearbeitet, wobei, wenn man es liest, ein AHA-Effekt entsteht. Man braucht die Lehre nur auf andere Lebenssituationen zu übertragen.

Kreuzer: Das ist ja typisch für Dichter – übrigens auch für andere einfach denkende Innovatoren. Was ist besser als eine Rasierklinge? – Antwort: zwei Rasierklingen. Das weiß ja jeder Mensch. Aber wer es als erster produziert, ist ein Milliardär.

Schierholz: Unterbewusst glaubt man natürlich, vieles zu wissen. Dichter hat das, wie gesagt, in Zusammenhänge gebracht, katalogisiert, kategorisiert und dadurch anwendbar gemacht. Ein Beispiel: Im Mittelalter gab's noch kein Coca Cola. Aber im Mittelalter gab's eine kleine Gasse und einen Gemüsehändler oder Krämer, und der hat eine kleine Tafel gehabt, und da hat er mit Kreide drauf geschrieben: „Heute Bohnen". Und gegenüber war der zweite Krämer und der hat hingeschrieben: „Heute frische Bohnen". Und damit hat er schon angefangen mit der Werbung. Denn: „Heute Bohnen" ist sozusagen nur die rationale Grundaussage: er hat Bohnen. Und wenn jetzt eine mittelalterliche Hausfrau in der Straßenmitte stand, dann ist sie wahrscheinlich vom Frischegedanken angelockt zu dem Händler gegangen mit der Tafel „Heute frische Bohnen". Und das war ja im Prinzip schon Werbung. Wir reden heute von Massenkommunikation und die Regeln sind natürlich verfeinert worden, aber sie sind kein Geheimnis.

Kreuzer: Schließen wir dieses Kapitel und reden wir von den Kritikern Dichters, vor allem von Vance Packards Buch „The Hidden persuaders" („Die geheimen Verführer"). Es geht um Verkennung, Deutung, Fehldeutung des Anstoßes von Dichter in Sachen Motivforschung, durch andere Intentionen. Dichter hat ja nie gesagt, man soll in einen Film einen Kader hineinschneiden, der unterbewusst wahrgenommen wird. Das war eine andere Sache.

Schierholz: Nein, die Bedenkenträger haben das hineininterpretiert.

Kreuzer: Mit den Antibüchern ist ja die ganze Intention der Motivforschung versuchsweise denunziert worden. Das sind die heimlichen Verführer. Heute kann man das Ergebnis sehen: *Unheimlich gute Verführer*. Ohne diese Auseinandersetzung hätte das breite Publikum nie erfahren, wer der Dichter ist.

Schierholz: Richtig. Außer halt die Fachleute. Die Diskussion war letztlich nützlich. Es gab eine Menge Kritiker.

Kreuzer: Man würde heute sagen, Packard war ein Grüner, Alternativer.

Schierholz: Ein frühgrüner Linker, der sich um den Konsumenten Sorgen gemacht hat. Wobei Packard ja noch harmlos, relativ harmlos ist. Mit dem Buch versuchte er, einer erschreckten Öffentlichkeit – oder: er selbst war eigentlich der Erschrockene! – klar zu machen, wie jene Menschen, die uns die Produkte andrehen wollen, mit dem Thema umgehen. Er wollte ihre Geheimnisse verraten.

Kreuzer: Da kommen die Techniken hinein, die gar nicht stimmen und schon gar nicht in Bezug auf Dichter.

Schierholz: Packard war der Hauptbedenkenträger, und dann haben andere auf diesem Fundament aufgebaut und haben bis zu dem Konsumterror der Siebzigerjahre behauptet, dass man immer feinsinnigere, immer komplexere und immer geheimnisvollere psychologische Tricks anwendet.

Kreuzer: Hirnwäsche, nicht?

Schierholz: Hirnwäsche, um Menschen dazu zu bewegen, Produkte zu kaufen. Was natürlich vollkommen überzogen ist.

Kreuzer: Welche Tricks sind heute aktuell?

Schierholz: Massenkommunikation heißt, wie der Name schon sagt, die Botschaft muss sich an die Masse richten. Und da muss man halt Finten anwenden, von denen man weiß oder vermutet, dass sie in der Regel bei den Menschen funktionieren. Da gibt es, aufbauend auf Dichter, natürlich immer wieder – so auch die Popcorn-Leute, die glauben, sie könnten neue Regeln erfinden. Gerken ist ein gutes Beispiel dafür – Gerd Gerken, ehemaliger Zukunftsforscher und später der große Missionar des Begriffes *„Mythos Marke"*. Er sagt: alles Mumpitz, keine Psychologie, keine Positionierung, keine Persönlichkeiten – alles ist Mythos. Da ist natürlich was dran, es stimmt zum Teil, aber er versucht, das dann zu dogmatisieren, was Ernest Dichter nie getan hat. Gerken versucht, indem er Produktnamen, Marken, mythologisiert, eine andere Form von Image zu erfinden, die übersteuert, völlig überhöht ist. Das kann in Einzelfällen stimmen. Nehmen wir einen *Ferrari*. Es gibt sicher ein vergleichbares Auto, ich sag jetzt mal Lamborghini, das genauso schnell ist – aber das besitzt nicht den Mythos Ferrari. Das heißt, es gibt also Marken, die durch verschiedenste Einflüsse, die auch zum Teil steuerbar sind, zweifellos einen mythischen Charakter erlangen. Ein Waschmittel kann nie einen Mythos erlangen.

Kreuzer: Aber Ferienziele, Mode, alles Stil-betreffende?

Schierholz: Je emotionaler der Zustand dazu ist, umso größer ist auch die Möglichkeit, das Produkt zu mythologisieren.

Kreuzer: Auch dieser zurzeit aktuelle Wellness-Bereich, also der Wunsch nach ewiger Gesundheit und ewiger Jugend.

Schierholz: Also, das ist auch wieder ein Motiv. Jugend ist ein Motiv, Gesundheit ist ein Motiv. Da ist ein wenig Mythos dabei. Aber es gibt Grenzen. Wir als Agentur, wir versuchen Marken mit Menschen zu vergleichen. Man kann, wenn man eine Marke hat, die eine Biographie besitzt und eine Geschichte und ein gewisses Alter erreicht, nicht von heute auf morgen jung machen. Viele Marketingleute glauben, dass das eigentlich so geht, aber ich glaube es nicht. Marken sind wie Persönlichkeiten. Wer jung ist, darf Fehler machen und kann auf Bäume klettern. Und wenn er älter ist, ist er weiser und klettert besser nicht mehr auf Bäume und in der Disco wirkt er lächerlich.

Kreuzer: Also wenn eine Marke alt ist, wird sie im Dow Jones gehandelt, und wenn sie jung ist, leider an der riskanten Technologie-Börse.

Schierholz: Also, die ganzen Mythen stimmen bis zu einem gewissem Grad, aber sie lassen sich nicht sozusagen wahllos auf alle möglichen Produkte übertragen.

Kreuzer: Ich komme zur Frage einer moralischen Bewertung der Werbung. Ernest Dichter teilt seine eigene Lebensarbeit in A-Produkte und B-Produkte. A-Produkte sind Ihnen nicht unbekannt, eines davon hat uns zusammengeführt: Die Propagierung des Autos mit Katalysator. Also A-Produkte für die Öffentlichkeit und B-Produkte fürs Geschäft, fürs Geldverdienen. Ich frage jetzt gegen den Strich: muss jeder Staatsauftrag ein moralisch positiver sein? Wenn also die tschechische Republik Werbung für ihr Atomkraftwerk macht, dann muss ihr Anliegen ja nicht unbedingt von höchster Moralität erfüllt sein. Und umgekehrt: es kann ja eine gute kommerzielle Werbung durchaus arbeitsteilig oder funktionsteilig in der Marktwirtschaft eine positive Aufgabe erfüllen.

Schierholz: Die Frage ist: um welche Moral geht es? Nehmen wir mal Temelin, dann kann durchaus eine Partei eine Kampagne machen, um für Verständnis zu werben und kann versuchen, die Öffentlichkeit zu informieren. „Informieren" in Anführungszeichen.

Kreuzer: Also zu desinformieren.

Schierholz: Bis zu einem gewissen Grad das Negative wegzulassen und damit auch zu desinformieren. Das ist richtig. Das ist aber eine Frage des Standpunktes – wie in jeder parlamentarischen Demokratie. Der eine vertritt diesen Standpunkt und wird versuchen, seinen Standpunkt anzupreisen, Widerstand oder Widerspruch zu entkräften. Er wird sicher nicht, wenn er etwas anpreist oder für eine Sache steht, alle negativen Aspekte aufzählen. Und so ähnlich verhält es sich auch in der Werbung. Auf der anderen Seite gibt es auch Vorstellungswelten, die künstlich aufgebaut werden und die man vordergründig für hochmoralisch halten würde. Etwa die Sicherheit beim Automobil. Tatsache ist, dass hier vorausgesetzt wird, dass die Leute sich wahnwitzig verhalten, in Autos, die dafür gebaut sind.

Kreuzer: Man müsste ja keine Autos bauen, die so schnell fahren.

Schierholz: Das gibt aber Dissonanz, also baut man das Auto voll mit Airbags, die aus jedem Winkel schießen. Inzwischen gibt es Autos mit sechzehn Airbags, mit Knautschzonen. Vergleichbar im übertragenen Sinne wäre das, wenn man als Fußgänger nicht das Haus verlassen würde, ohne vorher einen Helm aufzu-

setzen, Ärmelschoner, Knieschoner, ein Sitzkissen auf den Hintern schnallen, und noch zehn andere Vorrichtungen für den Fall, dass man ausrutscht, anstößt oder die Treppe runterfällt. Aber die Öffentlichkeit hat das nun mal akzeptiert, und jetzt macht man Airbag-Werbung (Volvo beispielsweise als eine der führenden Automarken in der Kategorie Sicherheit). Im Grunde genommen ist das unmoralisch. Vernünftig wäre, man würde die Autos in ihrer Leistungsentfaltung reduzieren, würde sie wesentlich leichter machen, denn dann wären sie sparsamer und umweltverträglicher, und all diesen Krempel weglassen, den man nur für den äußersten Notfall rumschleppt.
Hier ist wirklich ein Mythos im Spiel: der Sicherheits-Mythos.

Kreuzer: Zuletzt ein Thema, das bei Dichter eine große Rolle spielt, weil er sich mit Innovationsideen befasst hat, nämlich mit der Frage: Wer erfindet eigentlich die neue Wirklichkeit in der Industrie? Sind es primär – was ich doch annehmen würde – die Techniker, also die Wissenschaftler, die Angebote machen: „Das können wir, also machen wir es", oder sind es die Kaufleute, die sagen: „Das könnten wir verkaufen, wenn ihr es erfindet", oder sind das die dahinter stehenden Motivforscher, die sagen, man müsste ganz ins Unklare etwas erfinden, das ungefähr in der und der Richtung wäre. Also wer sind die Innovationsmacher, die mit dem großem Problem des Wachstums und der ewigen Gesundheit der Wirtschaft aufs Engste zu tun haben?

Schierholz: Ja, also im Grunde genommen sind das alle und keiner. Es gibt auf der einen Seite mal die technische Entwicklung ...

Kreuzer: Vorerst vielleicht die wissenschaftliche. Man muss zuerst einen Laser finden, ehe man Laser-Technik erfinden kann.

Schierholz: Ja, ja, Okay. Jetzt setzen wir das mal voraus, die technische Entwicklung. Irgendwann erfindet jemand ein Telefon das halt nicht mehr an einer Leitung hängt. Was ist dann das größte Bedürfnis für das Telefon zum Herumtragen? Dass es möglichst leicht und möglichst klein ist. Also werden Techniker sich damit beschäftigen, das Telefon immer kleiner zu machen, dass man es als Armbanduhr tragen kann.

Kreuzer: Also da ist der Werbemann nur der Verkäufer.

Schierholz: Richtig, der kann dann ankündigen: jetzt ist das Telefon noch kleiner, noch einfacher geworden. Die Techniker packen dann noch oft Dinge hinein, die man nicht braucht.

Kreuzer: Aber der Werbemann könnte auf die Idee gekommen sein – oder er bringt Entwicklungsideen.

Schierholz: Ich habe jeweils eine Filmkamera, eine Videokamera. Zuerst hat die fünf Kilo gehabt und man hat sie auf der Schulter tragen müssen, und inzwischen ist sie digitalisiert, ist so winzig klein, dass man sie kaum sieht in der Hand, aber sie hat im Grunde genommen eine Qualität wie früher ein Ü-Wagen vom ORF. Das ist sozusagen die technische Entwicklung, die nach dem Prinzip „schneller, weiter, höher" funktioniert. Die andere Kategorie ist das Erfinden von den *„Grass Roots"*, das sind also die Trends, die irgendwo irgendwie entstehen. Das kann Punk sein, das kann Jugendszene sein, das kann Kuschel-Sehnsucht sein … Also Trends – meist ausgelöst durch den Wunsch, anders zu sein.

Kreuzer: Darf ich ein Beispiel nennen? Die Wiedererfindung des Tretrollers (jetzt: Scooter!). Über Jahrzehnte hat es ihn nicht gegeben, auf einmal ist er wieder da, modernisiert natürlich und zusammenlegbar.

Schierholz: Ja, man gibt dem Ding einen englischen Namen und dann ist es wieder da. Aber das sind ja auch so Zyklen, die natürlich im Leben immer wieder statt finden. Der Roller an sich ist eine nette Erfindung, aber irgendwann wird er altmodisch und dann verschwindet er, und dann kommt er wieder zurück mit einer neuen Definition, mit einem neuen Design.

Kreuzer: Oder der Hula-Hoop Reifen.

Schierholz: Der kommt sicher auch irgendwann, bzw. er kündigt sich schon an. Manche Kreativ-Innovationen gehen über Dichter hinaus. Vor den 80-iger Jahren hat es sozusagen Werte in der Gesellschaft gegeben, die sich stufen- oder pyramidenförmig gezeigt haben. Ja, also, wenn man ganz oben gesessen ist, dann war alles, mit dem man sich umgeben hat, extrem teuer, und ganz unten war eben alles billig. Das hat sich total verändert. Es haben sich in der Gesellschaft verschiedene Gruppen gebildet, und diese Gruppen verständigen sich untereinander beziehungsweise schließen sich aus, da spricht man auch in der Motivforschung oder in der Werbepsychologie von Inklusions- und Exklusions-Codes, das heißt: Leute ziehen gewisse Dinge an, von denen sie wollen, dass gewisse Leute gar nicht erkennen, was das bedeutet, andere wiederum verstehen die Signale als „Codes".

Kreuzer: Friedrich von Hayek hat die pro-marktwirtschaftliche Fundamental-These entwickelt, dass die Reichen immer die „Vorkoster" der Armen sind. Ohne die Reichen gebe es kein Telefon, kein Badezimmer, kein Auto und keinen üblichen Lebenskomfort.

Schierholz: Bis zu einem gewissen Grad stimmt das, aber in der modernen Gesellschaft hat sich das schon stark verändert, weil Leute sich auch mit geringerem Einkommen Freiräume schaffen, indem sie bewusst auf gewisse Dinge verzichten: Das wollen sie gar nicht. Und sie bekennen sich auch dazu.

Jemand gibt nie Geld für Kleidung aus, da sagt jeder: der ist immer so komisch und billig angezogen. Dafür macht er immer Luxus-Urlaubsreisen oder hat eine irr teure Stereo-Anlage. Also früher hat man versucht, sozusagen in einem anerkannten Niveau zu leben, und heute lebt man gleichzeitig auf mehreren Niveaus.

Noch mal zurück zu den „Grass Roots". Da gibt es natürlich auch die Jugendgruppen, die immer revolutionieren, ob das Rock'n Roll war oder Hippie oder was auch immer, es sind immer Jugendbewegungen gewesen, die sich bewusst gegen die Welt der Erwachsenen gestellt haben, und das gibt es natürlich heute auch und das in einer Vielzahl. Die Revoluzzer haben auch wiederum ihre Signale. Sie tragen etwa zwei verschiedene Socken. Es bilden sich auch solche Verhaltenscodes. Diese Codes werden irgendwann von einer breiteren Kultur übernommen, beeinflussen dann einen Modedesigner, der für Gucci arbeitet. Autos nehmen skurrile Gestalt an. Das hat mit der Citroen-Ente begonnen.

Kreuzer: Interessant ist auch zum Beispiel der Spät-Start dieses kleinen Mercedes-Pimperls.

Schierholz: „Smart", ja ...

Kreuzer: ... der einen Fehlstart hatte, und jetzt mit zwei, drei Jahren Zeitzündung entdeckt wird.

Schierholz: Ein Riesen-Erfolg, muss ich sagen. Ursprünglich war ja gedacht, dass dieses Auto vor allem von jungen Leuten gefahren wird. Und jetzt sieht man gesetztere Herren, die sich „smart" vorkommen. In Rom muss man „Smart" fahren, wenn man schick sein will. Was früher halt irgendwelche Vespas waren, das ist jetzt der „Smart".

Kreuzer: Das hängt doch auch mit dem Begriff „Image" zusammen, den Ernest Dichter erfunden hat.

Schierholz: Image heißt ja nicht immer, dass man einen Rolls Royce fahren muss und im teuersten Bezirk der Stadt wohnt und Kleider vom Edelschneider trägt, sondern Image heißt ja nichts anderes, als dass man mit einem Produkt eine

Aussage über sich selbst macht. Das kann man kleidungsmäßig machen, das kann man mit dem Auto machen, das kann man mit seinem Haus machen, das kann man mit seinem Verhalten machen.

Kreuzer: Hier wurde über das „Image" geredet, die geniale Worterfindung Ernest Dichters und über eine Projektion dieses Gedankens bei Gerken („Mythos"). Neuerdings taucht ein beeindruckender Oberbegriff der gleichen Art auf: „Charisma". Ist das nur ein neues Wort oder wird da die „Image"- und „Mythos"-Masche neu geknüpft?

Schierholz: Dichter, Gerken, Popcorn, Horx – you name them! Wir reden hier von Beratern, die Geld damit verdienen, beratend unterwegs zu sein. Auch sie müssen ein Produkt verkaufen und es ständig aktuell halten. „Image" – um hier vielleicht ein bisschen Ordnung in die Dinge zu bringen – ist alles. „Image" heißt nicht automatisch „Gutes oder Hochwertiges", sondern ist das Bild, das man in der Öffentlichkeit hat oder erzeugt. Man kann das Image eines „billigen Jakob" haben, oder das, „besonders hochwertig" zu sein. Beides kann für das Marketing richtig sein.

Ein uralter Begriff definiert wiederum die Markenpersönlichkeit, die den Kern der Marke definiert. Als Werbeagentur SSX (Schierholz Saxer, Anm. d. Red.), für die ich arbeite, definieren wir diese Persönlichkeit immer analog einer menschlichen Biographie. Marken sind eben auch männlich oder weiblich, alt oder jung, einfach oder vornehm, haben Geschichte, Erfahrung oder sind neu und ungestüm – und können wie eine Person nicht von heute auf morgen ihr Geschlecht ändern, jünger werden oder völlig anders. Gerken möchte allen Marken einen Mythos geben, ist überzeugt, dass alle Marken einen besitzen können. Ich bin nicht dieser Ansicht.

Natürlich gibt es den „Mythos Ferrari", ich weiß aber nicht, wie lange man daran arbeiten muss, wie viel Geld man investieren muss und wie lange es dauert, bis der „Mythos Hyundai" erschaffen ist. Die koreanische Automarke ist wahrscheinlich auch besser beraten, Autos für „vernünftige Leute" zu bauen, die gut und sicher von A nach B kommen wollen, ihre Nachbarn nicht beeindrucken müssen, aber gerne einmal im Jahr einen Luxusurlaub machen – per Flugreise! Mercedes hat historisch Autos für „die Mächtigen" gebaut. Man vermutet Generaldirektoren im Fond. Und die Tatsache, dass jeder Fernseh-Schwenk, der einen Bericht über eine Wirtschafts- oder Hungerkonferenz einleitet, gerne die Auffahrt des betreffenden Konferenzgebäudes zeigt, auf der sich die dunklen Mercedes-Limousinen stauen, setzt dieses Bewusstsein in den Köpfen der Menschen fest: Die Mächtigen fahren Mercedes. Daran kann vorläufig auch Herr Schröder nichts ändern. BMW ist dagegen nur vordergründig „Dynamik", in Wirklichkeit aber „Kampf". Ziel der Marke ist es, den mächtigen Gegner Mercedes vom Sockel zu stoßen. Menschen, die etwas verändern wollen, die sozusagen „in den Kampf" ziehen, bevorzugen deshalb BMW. Mythos kann Teil einer Markenpersönlichkeit sein. Und so verhält es sich auch mit Charisma. Es kann Marken geben, die besonders charismatisch sind und solche, die es bewusst nicht sein wollen. Wenn aber ein Berater auftaucht und einem Generaldirektor sagt: „Wir wollen ihre Marke charismatischer machen.", dann klingt das natürlich prima.

Kreuzer: Wir wollen nicht kritisch, wohl aber kritikbewusst enden – eingedenk der Tatsache, dass Ernest Dichter erst so richtig durch das kritische Erfolgsbuch von Vance Packard berühmt geworden ist. Wir haben da wirklich einen viel diskutierten Bestseller, verfasst von Frédéric Beigbeder, einem Dissidenten der Werbebranche (kann auch ein Verkaufstrick sein), mit dem skurrilen Titel „39.90", das ist der Buchpreis. Das alles als Roman dargeboten. Ich zitiere nur einige Kernsätze: *„Ich bin Werber, also Weltverschmutzer. Ich bin der Typ, der Scheiße verkauft. Der Sie von Sachen träumen lässt, die Sie nie haben werden."* ... *„Ihr Leiden dopt den Handel. In unserem Jargon nennen wir das die ‚Post-Shopping-Frustration'. Sie müssen unbedingt ein bestimmtes Produkt haben, und kaum, dass Sie es haben, brauchen Sie schon das nächste. Devise: „Ich gebe Geld aus, daher bin ich!" Um Bedürfnis zu schaffen, muss man Neid, Leid, Unzufriedenheit schüren – das ist meine Munition. Meine Zielscheibe sind Sie."*

Keine Frage, dass das Buch in allgemeine globalisierungsfeindliche, grün-politische und überhaupt neo-linke Themen führt: *„Der Kapitalismus hat den Kommunismus überlebt. Jetzt kann er sich nur noch selber auffressen."*

Schierholz: Namhafte Ärzte stehen auf und prangern ihren Berufsstand an, Kollegen als geldgierige Chaoten und Pfuscher, die sich mit den Leiden der Menschen Villen und Yachten kaufen. Anwälte, Richter, Top-Manager haben das schon gemacht, warum also nicht auch Werber? Ganz nebenbei, er ist nicht der Erste, sondern der derzeit aktuelle. Hier geht ja niemand still ins Kloster und flüstert: „Mein Gott, ich habe gesündigt!" Herr Beigbeder hat in seinem Beruf gelernt, eine Produktidee gehabt und vermarktet sie jetzt perfekt. Er ist „der Typ, der Ihnen Scheiße verkauft", der reich und berühmt wird, zu Talkshows eingeladen wird und auf alle schicken Partys. Die andere Seite: Ja, im Kern beschreibt er eine Branche, an der die Menschen jetzt sehr interessiert sind.

Zu Dichters Zeiten war die Werbebranche völlig anonym, David Ogilvy's Klassiker *Confessions of an advertising man* kennen nur Insider, seit einigen

Jahren werden Werber kleine Medienstars, also wird so ein Buch ein Bestseller, bei aller plakativer Überzeichnung: Es ist wahr: Natürlich erzeugt man Bedürfnisse, auch über Neid, Leid, Unzufriedenheit.

Eine kleine Geschichte über das Wesen eines guten Werbetextes geht so: Ein Blinder sitzt im Mai beim Central Park und hat ein Schild neben sich: „Bitte um eine Gabe, ich bin blind!" Da kommt ein Werbetexter vorbei und malt ihm ein neues Schild: „Es ist Frühling und ich kann nicht sehen!" Was ist das nun: Romantisch, kreativ oder hinterlistig? Es kommt letztlich immer darauf an, wie man etwas von welchem Standpunkt aus betrachten will. Unser Werbetexter, der dem Blinden hilft, ist doch sehr romantisch veranlagt! Seine Vorgangsweise ist aber auch extrem hinterlistig, wie er den Menschen das Kleingeld aus der Tasche zieht.

Kreuzer: Haben Sie das „trend" Sommer-Heft 2001 gelesen?

Schierholz: Wenn der „trend" schreibt, Werbung sei das härteste, schönste, schmutzigste, eleganteste, schlechteste, beste Geschäft der Welt, so ist das vor allem ein tolles Beispiel für eine recyclefähige Schlagzeile. Sie können Werbung beliebig gegen Privatfernsehen, Formel 1, Sex, Internet, Schönheitschirurgie tauschen – funktioniert immer bestens.

Brain-Script/Brain-Spot

Christian Mikunda

Kreuzer: Herr Dr. Mikunda, Ihre Vorlesungen sind überfüllt, Sie sind zwar nicht Professor …

Mikunda: Studenten sagen auch Professor zu mir und ich sage dann zehn Mal pro Vorlesung, dass ich nicht Professor bin. Ich war allerdings einmal Professor an der Universität Tübingen. Dort habe ich eine Professur vertreten, die man für mich geschaffen hat, für die ich mich dann nicht beworben habe.

Da war ich eineinhalb Jahre wirklich Professor mit allen Rechten und Pflichten. Ich hab den Titel Professor auch führen dürfen, aber ich verwende ihn seither nie.

Kreuzer: Also gut: Sie sind nicht Professor aber in professoraler Funktion, mit einem eigenwilligem Lebenslauf, der keine absolute akademische Achse hatte, sondern ausflippte in die Publizistik, zu Fernsehen und Filmproduktion und dann immer wieder theoretisch rückgekoppelt war, somit auch zum Pionier der Motivforschung, Ernest Dichter.

Ich darf vielleicht erwähnen, was für mich der Haupteindruck aus ihrer Lehrtätigkeit war. Ich hatte die Gelegenheit, eine Veranstaltung in Klagenfurt mit Ihrem Vortrag zu moderieren. Das muss man erzählen, weil man leider im Buch keinen Film vorführen kann. Da zeigen sie einen Werbespot mit folgendem Plot: auf einem belebten Marktplatz trifft ein alter gebrechlicher Mann mit einem Hippie oder Hooligan – jedenfalls langhaarig und verdächtig aussehend – zusammen …

Mikunda: Verdächtig, ja.

Kreuzer: Und dieser springt auf den alten Mann zu und wirft ihn zu Boden. Zack, Schnitt, aus.

Sie sagen zum Publikum: So, was haben sie jetzt gesehen? Das Publikum zeigt auf und sagt: einen Überfall – Und dann spielen sie den Film noch einmal, dann sieht man eine Szene mehr, nämlich wie der Balkon herunter fällt. Der junge Mensch hat gesehen, dass der alte Mann erschlagen würde und hat ihm das

Leben gerettet. Es geht hier um das Brain-Script – schönes Englisch, heißt auf Deutsch Hirn-Drehbuch.

Mikunda: Drehbuch im Kopf, sag ich manchmal.

Kreuzer: Drehbuch im Kopf, ja. Das Drehbuch findet eigentlich im Kopf statt, auch in der Erwartung oder im Mitspielvergnügen des Konsumenten.

Mikunda: Die Evolution hat uns zu Menschen gemacht, die Informationen nicht einfach so eins zu eins wahrnehmen. Eine Information für sich bedeutet gar nichts für uns, wenn wir nicht ein inneres Formular, eine innere Maske heranziehen können, um diese Informationen im größeren Zusammenhang zu verstehen. Die Menschen sind von der Evolution auf Grund der Schwierigkeit und Komplexität des Lebens dazu gebracht worden, ständig zu fragen, was eine Information für sie eigentlich bedeutet. Das heißt: eine Information muss ausgearbeitet werden, um sie wirklich zu verstehen, und auf sie reagieren zu können und die Evolution hat uns dafür ein interessantes Instrumentarium mitgegeben, nämlich eine Vielzahl von prototypischen Abläufen, von denen wir ungefähr wissen, wie sie funktionieren und die uns sagen, was zu einer ganz bestimmten Lebenssituation dazugehört.

Kreuzer: An dieser Stelle kann ich Sir Karl Popper nicht ganz aus dem Kopf bekommen. Die Welt wird also auch in dieser dramaturgischen Weise, *antizipiert, sie wird erwartet.*

Mikunda: Ja absolut. Man hat das, was man erlebt, als Muster im Kopf.

Kreuzer: Die Erfahrung wird also erwartet, sie passiert nicht, wie es Sir Ernst Gombrich – übrigens auch Alt-Österreicher – so schön formuliert hat: Kein Mensch hört, er *horcht,* kein Mensch sieht, er *schaut* und würde er ein Hund sein, würde er nicht riechen sondern *schnüffeln.* Alles, was wir über die Welt wissen, wird auf Grund von Erwartungen herausgeholt.

Mikunda: Absolut richtig. Die Wahrnehmung ist antizipatorisch, das heißt man entwickelt innerhalb von kürzester Zeit eine Hypothese, was da eigentlich vor sich gehen könnte.

Kreuzer: Und die Bestätigung wird gesucht.

Mikunda: Genau.

Kreuzer: Oder deren Widerlegung, ganz nach Popper.

Mikunda: Deren Bestätigung oder Widerlegung wird gesucht. Das heißt, man entwickelt eine Hypothese, ein kognitives Schema und versucht, dieses kognitive Schema zu verifizieren oder zu falsifizieren.

Die Dichtungen – hat nichts mit dem Namen Ernest Dichter zu tun – das sind für die meisten Leute die Produkte eines Schriftstellers. Fünfundziebzig Prozent aller Menschen verbinden mit dem Wort, „Dichtung" eher die Produkte eines Schriftstellers, als die Produkte eines Installateurs.

Kreuzer: Da müssen wir ja eine Kurve zur eigentlichen Werbung im weitesten Sinn machen, ich möchte gleich sagen, dass wir Werbung auch als Propaganda, auch als Mission zu verstehen haben. Aber vielleicht noch eine hirnforscherische Klarstellung: Es ist ja bemerkenswert, dass wir auch nach Hunderten von Jahren, neuerdings nach einem Jahrzehnt der Hirnforschung, noch immer nicht im Geringsten wissen, was denn eigentlich das Gedächtnis ist.

Die interessantesten Theorien kann man zurzeit als Laie etwa bei Gerald Edelman lesen, der eine Art darwinistische Theorie, so, wie er sie nobelpreisgekrönt für das Immunsystem gemacht hat, auf die Hirnforschung umlegt. Wie sich Gedächtnis abspielt? Da gibt es so chemische Vermutungen, über phosphilierte Oberflächenmoleküle. Das hieße, dass sich das Gedächtnis vielleicht nicht im Zellkern, sondern eher an den Zellwänden, also durch Rezeptoren abspielt. Es bleibt aber kurios, das wichtigste in der Welt, die Erinnerung, ist uns eigentlich auch anatomisch und physiologisch unklar und damit ein noch größeres Rätsel betreffend die Mobilität: Die Ausstattung ist so verschwenderisch, dass sie ihrer Natur nach überhaupt nicht in Photos arbeiten kann sondern nur in Filmen.

Mikunda: Mit Filmen, ja.

Kreuzer: Das heißt, sie bewegt sich dauernd, in „Storys".

Wäre hier Sparsamkeit notwendig, dann würde die Natur Erinnerungen in „stills" festhalten. Aber sie hat so viel Überfluss, sie kann sich überhaupt nur dramaturgisch erinnern. Wenn wir uns erinnern an etwas, das steht, dann ist es so quasi ein „Stopp-Trick", aber innerhalb eines Films.

Mikunda: Das ist nach wie vor ein Rätsel, aber in der Evolution steckt immer ein Druck, der Rätsel hervorbringt. Die Menschen müssen einfach wissen: „Was kommt als Nächstes?" Wenn ein signifikantes Geräusch da ist, müssen sie den Säbelzahntiger antizipieren, der gleich aus dem Gebüsch rausspringen wird. Also, um zu überleben, muss man antizipieren, und antizipieren kann man nur dann, wenn man weiß, was man antizipieren könnte, das heißt, wenn man die Auswahl an prinzipiellen Abläufen in sich trägt, die dann gleich passieren könnten. Das sind die Brain-Scripts, wie ich sie nenne.

Kreuzer: Ich zitiere Konrad Lorenz: *„Was die Gattung (‚phylogenetisch') gelernt hat, braucht das Individuum (‚ontogenetisch') nicht mehr erlernen."* Damit ist er allerdings Popper in die Quere gekommen, weil der meint, dass man überhaupt nichts wirklich „erlernen" kann, auch nicht phylogenetisch. Das Leben hat bei uns Primaten ein Hirn hervorgebracht, das eben diese Eigenschaften hat. Dieses Hirn ist antizipatorisch, also erwartungsvoll, es will eigentlich mittun, und das ist ja eigentlich der Lustgewinn, also das, was die Werbung anzustreben hat: das Gefühl, dass eigentlich der Zuhörer oder der Zuschauer *der Autor ist*. Sein Erfolg ist ja, dass er eigentlich glaubt, er hätte es selber erfunden.

Mikunda: Ja, ja, der Beschauer formuliert ein Script zu Ende. Ich komme ja vom Fernsehen und wir haben, wenn wir mit Kameraleuten, Journalisten gearbeitet haben, immer gesagt: der Zuschauer ist sozusagen im Team der Letzte der mitformuliert, und umgekehrt muss deshalb auch der Fernsehmensch der „Erstzuschauer" sein, auch wenn er arbeitet. Sie haben einen ganz entscheidenden Faktor angesprochen, warum die Geschichten so allgegenwärtig geworden sind. Ernest Dichter hat zu den Ersten gehört, die das sehr gut kapiert haben. Das liegt einfach daran, dass wir Menschen so verführbar sind, durch Emotion und durch den Lustgewinn, der durch die Geschichten entsteht, wenn der Konsument die letzten Puzzelsteine selber einsetzen darf.

Kreuzer: Es gibt ja verschiedenen Lustgewinn, aber Sie meinen: ein besonderer Lustgewinn, ist das Sich-Selber-Beteiligen-Dürfen am Zustandekommen einer Information oder das Sich-Selber-Betroffen-Fühlen, weil man sie in Erinnerung hat. Das führt uns zum Thema der Redundanz, der Wiederholung.

Mikunda: Ganz richtig – es führt zur Frage: Wieso ist die Wiederholung reizvoll?

Kreuzer: Die Frage ist ja: Ist es nur Sparsamkeit, dass die Werbefirmen unzählige Male einen Werbespot im Fernsehen senden, oder einen Slogan über Jahrzehnte eintrichtern, oder ist es Suggestion?

Mikunda: Es betrifft, glaube ich, den Betrag der notwendigen, investierten geistigen Anstrengung.

Kreuzer: Das heißt, man lässt den Konsumenten mitspielen. Da fragt man sich: Was kann er, was kann er nicht?

Mikunda: Man kann es zu komplex oder zu einfach machen.

Kreuzer: Man kann also seinen Rezipienten grob überfordern, sodass der Zuschauer sagt: „Das verstehe ich nicht, das gibt mir nichts, das habe ich nicht im Hirn, ich drehe ab." Oder es ist zu banal: „Das will ich nicht mehr hören."

Mikunda: Die Werbung, die interessiert, aktiviert ein Brain-Script, das in uns so tief drinnen steckt.

Kreuzer: Dass wir es immer wieder hören wollen.

Mikunda: Es bedarf nur eines kleinen Signals, um es aufzurufen, das aber gleichzeitig genug Lücken im Detail überlässt, sodass wir diese Lücken ausfüllen können und sozusagen zum *Mit-Autor werden.*

Kreuzer: Wobei natürlich, was die Gefühle betreffen, das limbische Hirnsystem einbezogen wird.

Mikunda: Das limbische System beginnt zu „feuern". Dadurch wird man in einen Zustand der erhöhten mentalen Aufmerksamkeit gebracht, sodass man begierig alle Informationen, die da noch so daherkommen, mit einsaugt. Deswegen ist Werbung heutzutage inszeniert und nicht nur einfach plakatiert.

Kreuzer: Nicht schlecht passt hierher das Bonmot des ehemaligen RTL-Chefs Helmut Thoma (auch einer jener vielen Medienösterreicher in Deutschland): *„Der Köder muss dem Fisch schmecken, nicht dem Fischer."*

Mikunda: Ja, ganz gewiss.

Kreuzer: Aber wie schmeckt er? Er schmeckt besser, wenn diese dramaturgische Situation, die sie jetzt geschildert haben, inszeniert wird.

Ich beziehe mich zum Beispiel auf den preisgekrönten Fernsehgag *„Wenn die kan Almdudler ham, geh i wieda ham!".* Also jeweils eine kleine Story, grotesk, humorvoll, aber jedenfalls von einem hohen Erinnerungswert und einem hohen Wiederholungswert. Sogar die neueste Fortsetzung hat dann einen besonderen Wert: „Was fällt ihnen jetzt wieder ein?"

Mikunda: Die Story wird dann immer absurder.

Kreuzer: Also auch das beste „Brain-Script" ermüdet. Es wäre ganz falsch, hundert Fortsetzungen in Auftrag zu geben.

Mikunda: Wenn das System ausgereizt ist, muss man aufhören.

Kreuzer: Es scheint mir, dass auch die plakative, also die nicht dramatisierte Werbung, hier einzubeziehen ist, zum Beispiel diese Werbung für ein Mineralwasser, das „die Sinne belebt". Das Produkt wird von Plakaten in einer sehr langen Zeitfolge beworben. Die Plakate zeigen vorweggenommen obszöne Situationen. Der Beschauer versteht das: „Du weißt doch ganz genau, was in Folge dieses Mineralwassertrinkens passieren wird, sobald die Sinne belebt sind ..." Die Trias – Dreier-Zug – ist immer wieder ein anregendes Thema.

Kreuzer: Das heißt, auch mit einem Plakat (oder mit einem einfachen Drei-Wort-Slogan) kann man natürlich den dramaturgischen Filmeffekt erzeugen, wenn es genügend Dramaturgie in sich enthält, also genügend Phantasie, Vorwegnahme und so.

Mikunda: Da fallen mir noch viele Beispiele ein. Besonders spannend ist es im dreidimensionalen Inszenierungsbereich geworden, wo Verkaufsorte durch Brain-Scripts dramatisiert werden. Wenn man in die „Nike-Town" rein geht, in New York oder in Chicago oder irgendwo und in die Tennisabteilung kommt, hört man aus versteckten Lautsprechern ein verräterisches „Blop, Blop" heraus. Das ist genau das „Blop, Blop" des Tennisspiels.

Kreuzer: Das vorweggenommene Erfolgsgefühl des Wiedererkennens ...

Mikunda: Ein Signal, das dazu angetan ist, am „Point of Sale" das Tennis-Brain-Script aufzurufen. Es ist einmal ein Test mit fünf Schauspielern gemacht worden, die man vor eine weiße Wand gesetzt hat. Der Regisseur brachte sie dazu, die Köpfe hin und her zu bewegen.

Kreuzer: Wie ein Zuschauer bei einem Tennisspiel.

Mikunda: Genau und synchron dazu hat man dieses „Blop, Blop" gehört. Irgendjemand hat aus dem Hintergrund „15:0" gesagt, und da konnte man dann 2000 Versuchspersonen befragen, was das ist, und alle antworten: „Ein Tennisspiel natürlich, wieso fragen sie so blöd." Aber sie haben weder einen Tennisball, noch einen Tenniscourt oder Tennisspieler gesehen, sondern sie haben nur Signale wahrgenommen, die das Tennis-Brain-Script aktiviert haben.

Kreuzer: Also das heißt: die Erinnerung, wenn man es hirnphysiologisch nimmt, ist in diesem Fall immer limbisch, positiv besetzt.

Mikunda: Es kommt natürlich auch vor, dass negative Brain-Scripts aufgerufen werden, manchmal durch PR-Aktionen, die nach hinten losgehen. Ich kann mich erinnern, wie man in den Siebzigerjahren das erste Mal die Leute, die man in den Dreißigerjahren aus Österreich, aus Wien, rausgeworfen hat, zurückgebracht hat, um ihnen zu zeigen, dass dieses Wien ein anderes Wien geworden ist. Diese Leute sind dann herumgegangen und etwa am Morzinplatz, wo das Gestapo Hauptquartier war, war's mit der positiven Motivation vorbei.

Kreuzer: Man kann sich mit der raffiniertesten Technik natürlich selber ins Knie schießen. Wo sind die Misserfolgs-Limits? Da muss man sich ja vorerst nochmals auf den Wiederholungseffekt beziehen. Wir wissen es ja, die wir Kinder haben oder Kinder kennen, dass Kinder, was ihnen gefällt, ein kleines Märchen, eine Story oder einen Hit, nicht oft genug hören können und dass sie den Inhalt dann schon besser können als der erzählende Vater oder die Mutter und wenn der Vater oder die Mutter einen Fehler machen bei der 37. Erzählung von Hänsel und Gretel, dann wird …

Mikunda: … dann wird das korrigiert.

Kreuzer: Dann korrigieren die Kinder das, aber sie wollen es noch einmal und noch einmal und noch einmal hören, das heißt, das ist natürlich ein Trainingsbedürfnis des Gehirns, aber dieses klammert sich an eine nun einmal erfahrene Story und eignet sie sich selbst an: das ist meine Story, also bin ich der Märchenautor und möchte, dass du mir alles genau erzählst.

Mikunda: Es gibt eine berühmt gewordene medienpsychologische Untersuchung, die zeigt, dass die Leute jene Serienfolgen am liebsten sehen, die sie schon einmal gesehen haben, und das stimmt ja.

Kreuzer: Faustregel: Was ist besser als Knödel? – Geröstete Knödel. Das finanzieren zum guten Teil die Fernsehprogramme …

Mikunda: Natürlich, ja genau.

Kreuzer: Déja-vu – ein Déjà-vu-Erlebnis.

Mikunda: Déjà-vu und andere „Seinerzeit"-Fernsehserien, zum Beispiel, sind ja auch so gemacht, dass sie dasselbe Brain-Script immer und immer wieder aufrufen.

Kreuzer: Wie Kindermärchen.

Mikunda: An der Oberfläche sind die Geschichten pro Folge einer Evergreen-Serie immer andere, aber wenn man sich zum Beispiel Inspektor Columbo ansieht, da läuft ja immer ein David-gegen-Goliath-Brain-Script ab.

Kreuzer: Also das heißt, ein gelernter Columbo-Seher ist ja selber der Columbo, er wird übrigens von vornherein über den Ausgang informiert, das ist eines der zwei Arten von Krimis, die Interessantere, wie ich glaube.

Mikunda: Indem man den Mörder kennt, ja: Man sieht die Fliege und man ist die Spinne.

Kreuzer: Und der TV-Konsument schaut praktisch dem Columbo über die Schulter, also ist *er der Kommissar.*

Mikunda: Die Identifikation ist da natürlich besonders stark, wenn man immer dasselbe Brain-Script anwenden darf.

Kreuzer: Eine Abschweifung noch in die nicht ontogenetische sondern phylogenetische Herleitung. Wir sollten ja nicht vergessen, dass vor einer Million Jahren die Sprache erfunden war, zumindest in Anfängen, im Reich der Primaten, nicht aber die Schrift. In dieser Zeit, die unendlich länger ist, als unsere historische Epoche, ist ja Kulturgut, was immer das gewesen sein mag, vom Schamanen oder von „Sängern" – Historikern, wie wir heute sagen würden – ausschließlich mündlich weitergegeben worden. Es war eine Kultur des Hörens – übrigens auch der Anreiz zum *Reimen* und zum *Stabreimen,* weil ein Gedicht Gedächtnisanhaltspunkte gibt. Also eigentlich das wichtigste Kulturgut der Menschheit. Wieso zieht sich über so viele Jahre die Story von der Sintflut? Durch Auswendiglernen und Weitersagen! Es ist damals auch die Fähigkeit des menschlichen Hirns zum Auswendiglernen sehr positiv und erfolgreich beansprucht worden.

Mikunda: Ja, das glaube ich auch, je prototypischer eine Geschichte ist, desto eher kann man sich die Einzelinformationen, die in diese Geschichte integriert worden sind, merken. Sie können sich modellieren, variieren. Diese frühen Geschichten, die mythischen Geschichten, haben ja ganz wichtige Welterklärungs-Hilfen geboten. Die mythischen Geschichten sind Geschichten über die Frage: Woher kommen wir, wohin gehen wir, gibt es einen Gott, wie funktioniert die Macht, wie funktioniert die Liebe? Das sind im Wesentlichen die prototypischen Geschichten.

Kreuzer: Es waren eigentlich umfassende Philosophien der damaligen Zeit.

Mikunda: Absolut, ja.

Kreuzer: Aber rein überlieferungstechnisch sind sie eigentlich durchs Auswendiglernen und Wiedererzählen, mit kreativer Modulation, wirksam geblieben über unzählige Generationen, jedenfalls Dutzende Male mehr, als wir jetzt in unserer modernen Kommunikationswelt an technischer Überlieferung erleben.

Mikunda: Ja, man kann es heute noch sehen. Es gibt noch Gegenden in Afrika, wo es immer noch herumreisende Geschichtenerzähler gibt, die auch die moderne Geschichte des Stammes auf diese Art und Weise weiter transportieren. Ein paar meiner Studenten, die Afrikaner sind, beschäftigen sich mit dieser neuen alten Form des Entertainments in Afrika.

Kreuzer: Nicht jeder Mensch meiner oder der mir benachbarten Generationen hat das Auswendiglernen in der Schule als angenehm empfunden. Aber es verfolgt einen bis ins Alter, man bringt diese Reime nicht mehr los, es ist wie ein Mechanismus. Konrad Lorenz hat mir einmal gesagt: „Bitte zitieren Sie nichts aus dem Faust, ich kann dann nicht aufhören, den ganzen Faust aufzusagen …"

Mikunda: Die Menschen sind so leicht zu verführen, Informationen aneinander zu reihen und vieles hat mit den Skripts zu tun, die in uns drinnen stecken. Wenn das Signal einmal dieses innere Computerprogramm startet, dann bekommt man es nicht mehr raus – wie auch bei einer guten Melodie, die man nicht mehr rausbekommt – ein Ohrwurm.

Kreuzer: Der Evergreen.

Mikunda: Der Evergreen, der Klassiker.

Kreuzer: Ja, das gehört alles dazu, womit ich zum Ende komme. Ich möchte jetzt noch einmal zu Ernest Dichter: Sie haben mit dem Brain-Script ein ganz dominierendes und durchdringendes positives, limbisch positiv akzentuiertes Motiv formuliert.

Mikunda: Es gibt einen entscheidenden Aspekt, von dem ich glaube, dass er wichtig ist.

Wir leben in einer Zeit des Geschichtenerzählens, wir leben aber auch in einer Zeit des professionellen, professionell ausgebildeten Rezipienten, ausgebildet im Zuhören und im Mitformulieren von Geschichten. Ernest Dichter wäre sehr verblüfft: Es ist jetzt ein Punkt gekommen, bei dem das Geschichten-Erzählen und das Anwenden von Brain-Scripts an eine Grenze gekommen sind und zwar deshalb, weil die Menschen heute als Medienrezipienten eine unglaubliche Geschicklichkeit haben, mit den Medien bzw. dem Konsum umzugehen.

Am Beispiel der Greenpeace PR-Aktionen, die immer nach dem selben Brain-Script abgelaufen sind, einem David-Goliath-Brain-Script. Da das große Schiff, das den Atommüll ins Meer versenken möchte, dort ein kleiner, auf den ersten Blick schwach aussehender David, der mit orange-farbigem Schlauchboot daherkommt und den Goliath reizt – alle Goliaths dieser Welt. Goliath verhöhnt David: „Du mit deinem Lendenschurz und deiner Schleuder, du willst das Volk Israel verteidigen und ich hab' eine Rüstung und ein Schwert. Ich bin zwei Meter zwanzig groß und du bist ein ‚Znirchterl'", wie wir in Wien sagen würden. Leute von so einem Schiff versuchen, mit Wasserkanonen, mit Hochdruckwasserkanonen die Greenpeace-Leute von dem Schlauchboot runterzuspritzen, das wissen die und die wissen, dass sie diese Szene brauchen, damit das Brain-Script für die Journalisten, die später darüber berichten sollen, losläuft. Am Ende einer PR-Aktion von Greenpeace gewinnt der Schwache durch eine Finte, zum Beispiel durch das Anketten an Fabrikstore, und das gibt dann die geplanten Bilder, wenn Sicherheitsleute kommen und die losschneiden müssen. Eine Stunde später liegt das Material auf dem Schreibtisch jeder Bildagentur oder jedes Fernsehsenders, sodass man nichts anderes tun kann, als eine David-Goliath-Geschichte zu erzählen, wenn man nur halbwegs engagiert ist.

Kreuzer: Alles, was funktioniert, kann man auch übertreiben.

Mikunda: Genau, und Greenpeace hat es ein bisschen zu weit getrieben und das Brain-Script, das zehn, fünfzehn Jahre unter der Oberfläche seine Arbeit getan hat, ist plötzlich an die Oberfläche getreten und wurde offensichtlich. Und sobald ein Brain-Script an die Oberfläche tritt und offensichtlich wird, verliert es seine Kraft. Die Journalisten haben plötzlich angefangen, dieselben Informationen, die sie da bekommen haben, mit einem anderen Brain-Script zu sehen und haben gesagt: das ist ja *Tugendterror*. Damit war Greenpeace einigermaßen entzaubert.

Kreuzer: Da können wir ja auf Sigmund Freud zurückgreifen. Mit einem Wort: Auch Ihr Brain-Script-Modell bedarf einer gewissen Unterschwelligkeit.

Mikunda: Richtig, man beschädigt ein Brain-Script, indem man es entblößt.

Kreuzer: Das also hieße, dass ein Wissen, das zwar nicht im Dunklen, aber eben im Zwielicht oder im Schräglicht oder im plastischen Licht nutzt, an die Oberfläche gezerrt, einfach seinen Zauber verlieren kann. Oder dass das Hirn beleidigt ist, weil es nichts mehr zu arbeiten hat, weil es als Trittbrettfahrer entlarvt ist.

Mikunda: Dann ist es beleidigt und ist nicht so gerne bereit, die Lücken auszufüllen, die ja dann auch den Spaß ausmachen und die Motivation bringen.

Kreuzer: Ich bin sicher, Ernest Dichter wäre dazu auch noch viel eingefallen!

Win-Win/Lose-Lose

Paul Watzlawick

Kreuzer: Man kann ja bei Ihnen als Bestsellerautor annehmen, dass jeder denkbare Leser, Hörer, Zuschauer, Sie kennt. Das ist bei Ernest Dichter nicht der Fall – auch Sie haben ihn ja gar nicht so richtig gekannt.

Watzlawick: Nein, Werbung ist nicht meine Branche.

Kreuzer: Beziehen wir uns vorerst auf die gemeinsame Heimat. Sie sind kein österreichischer Chauvinist. Sie waren von Kindheit an Weltbürger…

Watzlawick: Stimmt schon, aber ich fühle mich immer als Österreicher.

Kreuzer: Erlauben Sie mir bitte einen kleinen Trick: Wir kommen mit einer werbe-wissenschaftlichen Problemstellung zu Ihnen, als Therapeuten, als Philosophen, als Literaten. Ich sehe im Frageraum, der mir da anvertraut ist, Sie vorerst als *Konstruktivisten* im Bereich der Philosophie, ich sehe Sie als *Therapeuten* im Bereich einer Zweier-Beziehungs-, und Beziehungstherapie und ich sehe Sie als *Theoretiker* der Spieltheorie.

Ich vermute einen Zusammenhang zwischen dem, was man Marktforschung nennt, vor allem wenn man nicht die bloße tägliche Werbung meint, sondern auch Propaganda im politischen Sinn, oder auch Mission im religiösen Sinn, also in einem Wort alle Überzeugungsmechanismen und -organisationen. Das hat mit dem Konstruktivismus, wie Sie ihn als populärster Vertreter dieser philosophischen Richtung vertreten, einiges zu tun. Gönnen Sie uns ein paar Sätze, was Sie unter Konstruktivismus verstehen.

Watzlawick: Ja, ich verstehe darunter eine Ansicht, die auf der Annahme basiert, dass wir unsere Wirklichkeit herstellen, während wir natürlich alle glauben, dass wir die Wirklichkeit langsam erforschen und immer besser kennen. Es bleibt aber auf jeden Fall eben eine Konstruktion unsererseits. Denn wir sind uns nicht darüber im Klaren, von welchen Grundprinzipien wir natürlich ausgehen.

Kreuzer: Ich beziehe mich auf Karl Popper – Sie leugnen ja nicht absolut die Existenz einer irgendwie gearteten Wirklichkeit…

Watzlawick: Nein, aber ich glaube nicht, dass wir uns über diese Wirklichkeit klar werden können. Es bleibt immer bei Interpretationen, Zuschreibungen von Sinn, und dergleichen.

Kreuzer: Das hat natürlich mit Kommunikation insofern zu tun: Wir bestätigen einander, indem wir miteinander leben, sprechen und agieren; wir bestätigen einander eine wie immer geartete Wirklichkeit und nehmen das als Bestätigung unserer Wirklichkeitsauffassung an. Eine Wirklichkeit ohne Partnership wäre wohl undenkbar.

Watzlawick: Nein, aber leider, leider ist das sehr häufig der Fall. Viele menschliche Probleme entstehen dadurch, dass man in einer Beziehung von zwei verschiedenen Wirklichkeiten ausgeht, die zusammenstoßen und sich gegenseitig verleugnen.

Kreuzer: Das gilt ja für die Werbung ebenso – ob man das jetzt kommerzielle Werbung nennt, oder ob man die politische Propaganda einbezieht, oder auch die Religionen, insbesondere die erfolgreiche katholische Kirche …

Watzlawick: Ich würde dabei nur unhöfliche Ausdrücke im Bezug auf die Religion vermeiden.

Kreuzer: Es ist in allen drei Bereichen, meint Ernest Dichter, ein Unterschied zwischen A- und B-Projekten (A = Altruismen, B = Business, Gewinn). A sind also solche, die der Öffentlichkeit dienen, und B sind solche bei denen man einfach Geld verdient. So einfach dürfte es ja nicht sein.

Watzlawick: Ja, das ist nicht zu bestreiten.

Kreuzer: Es geht mir darum, aus Ihrer Sicht klarzustellen, inwiefern – wenn man es historisch nimmt – Religion, beginnend von den Schamanen und ihren Gesängen und ihren Gedichten, über die monotheistischen Religionen über die Propaganda der Politik bis zur Werbung, die der Ernest Dichter nicht gerade entdeckt aber mit einer bemerkenswerten Marke versehen hat, im konstruktivistischen Sinn bedeutsam sind, für die Gestaltung der Welt, die wir als Welt wahrnehmen.

Watzlawick: Auch für die Gestaltung jeder „eigenen Welt", nicht wahr? Und wir dürfen nicht übersehen, das schon dem kleinen Kind mitgeteilt wird – in indirekter Weise natürlich – wie es die Welt zu sehen hat: Wir sagen dir, was die Welt ist.

Kreuzer: Also zuerst die Welt überhaupt mit Mama, Papa, Mond und Sonne. Dann wird dem Kind Coca Cola, und alle anderen, meist aus Plastik erzeugten Artikel durch Werbung eingeredet.

Watzlawick: Vielleicht auch unter Umständen von einsichtigen Erziehern als schlecht oder abzulehnend definiert.

Kreuzer: Ja, das ist dann die moralische Werbung, das wäre dann sozusagen die A-Werbung, frei nach Dichter …
Also, in Ihrer konstruktivistisch analysierten Welt spielt dieses Kommunikationsproblem eine große Rolle.

Watzlawick: Eine Rolle, ja.

Kreuzer: Wäre ich wirklich ein Kaspar Hauser, ohne Sprache, und irgendwo im Wald versteckt, könnte ich diese Art von Wirklichkeit überhaupt nicht erwerben?

Watzlawick: Ich nehme an.

Kreuzer: Oder es wäre eine ganz andere.

Watzlawick: Ja. Aber ich meine, es ist durchaus möglich, dass es eine Wirklichkeit sein kann, an der alle teilnehmen und jeder Einzelne sähe sie für sich als richtig an. Ein Beispiel:
In einer kolumbianischen Hafenstadt wurde vor vielen Jahren jeden Mittag ein Kanonenschuss von einer der Stadtfestungen abgefeuert. Und das war das Zeitzeichen, nach dem alle Menschen ihre Uhren richteten. Ein Reisender, der aus dem Ausland kommt, stellt fest, dass dieser Kanonenschuss immer genau fast zwanzig Minuten zu spät ist. Er geht hinauf in die Festung, spricht mit dem Kommandanten und fragt ihn, woher er die Zeit nehme, nach der der Schuss abgefeuert wird. Und der sagt stolz: da es sich um eine so wichtige Sache handelt, schickt er jeden Morgen einen seiner Soldaten hinunter ins Zentrum der Stadt, wo in der Auslage des einzigen Uhrenhändlers eine besonders exakte nautische Uhr steht. Der Soldat vergleicht seine Uhr mit jener. Und das ist nun die Zeit, zu der der Kanonenschuss abgefeuert wird. Der Reisende geht hinunter und spricht mit dem Uhrmacher, fragt ihn, woher er die Sicherheit nehme, dass seine Uhr in der Auslage die richtige Zeit gebe. Der wiederum sagt stolz: „Da es sich um eine so wichtige Sache handelt, vergleiche ich jeden Tag meine Uhr mit dem Kanonenschuss, und seit Jahren hat sich nicht eine Minute von Veränderung ergeben."

Kreuzer: Ist ja köstlich. Diese Geschichte gibt auch einen tiefen Einblick in die Ambivalenz der Sommerzeitumstellung ...

Watzlawick: Aber eben in dem Beispiel, das ich Ihnen erzählt habe, erscheint mir so wichtig, dass alle voll überzeugt sind, das Richtige zu tun, und die richtige Wirklichkeit zu kennen.

Kreuzer: Dass sich also aus der gemeinsamen Erarbeitung einer Wirklichkeit eine wechselweise Bestätigung ergibt, die dann keiner Kritik mehr unterliegt.

Watzlawick: Das nenne ich eine *zirkuläre Kausalität*.

Kreuzer: Das kann nicht nur zwei Menschen betreffen, sondern viele Millionen, die glauben, dass man in den Himmel kommt und siebzig Jungfrauen dort vorfindet wenn man sich und seine Feinde in die Luft sprengt. Wenn das eine Milliarde Moslems glauben, oder doch einige Ausgewählte, dann hat das für sie Wirklichkeitscharakter.

Watzlawick: Das ist nur ein Beispiel eben von vielen. Um so ein Problem zu brechen, muss jemand von außen kommen. Denn sonst, sonst geht das im Kreis und geht weiter und weiter und weiter, in zirkulärer Kausalität.

Kreuzer: Sprechen wir über Ihre tägliche und lebenslange Arbeit mit Patienten. Da haben Sie mir im Vorgespräch und in früheren Gesprächen erklärt: nicht der Mann und die Frau, der Vater und das Kind ist der eigentliche Patient, sondern die Beziehung.

Watzlawick: Ja, die *Beziehung*.

Da könnte ich Ihnen ein Beispiel geben. Da kommt ein Ehepaar zu mir. Sie möchten eine Therapie, weil die Ehe sehr konfliktgeladen ist. Und bei näherer Untersuchung stellt sich heraus, dass der Mann die Frau als ungeduldig, aggressiv, zornig usw. sieht, und dass er sich deshalb zurückzieht von ihr, und dass die Frau es umgekehrt sieht, *er zieht sich zurück,* und deswegen wird sie zornig. Da haben wir wieder diesen verhängnisvollen Kreis.

Kreuzer: Was uns wichtig scheint, ist dieser Gedankengang in Bezug zu Ernest Dichter und angewendet auf die Werbung, und zwar im umfassenden Sinn, Werbung plus Propaganda plus Mission etc. Sie sind kein Werbepsychologe. Drum wäre es ja so interessant, wenn Sie sich eine Werbebeziehung als Patientengruppe vorstellen.

Watzlawick: Wenn der Betreffende überredet wird, etwas zu tun, zu kaufen, einzunehmen, dann kann das natürlich auch eine hinterhältige Form der Propaganda oder des eigenen Gewinns sein …
(Vgl. *Dichter,* Ernest: Überzeugen, nicht verführen. Die Kunst, Menschen zu beeinflussen. Düsseldorf; Wien: Econ-Verl., 1971 – Anm. d. Red.)

Kreuzer: Ich komme jetzt zu unserem dritten Thema, das hier wirklich direkt anschließt: Sie sind ja in Ihrem Bestseller „Anleitung zum Unglücklichsein" in dieses Thema eingestiegen, die Spieltheorie. Sie hat viele Aspekte, aber der Kern, den Sie ansprechen, ist die Frage des Null-Summen-Spiels.

Watzlawick: Ein Null-Summen-Spiel ist ein Spiel das folgende Struktur hat: Nehmen Sie an, zwei Leute wetten 100 Schilling, dass etwas so oder anders ist. Und dann, wenn festgestellt ist, wer Recht hat, gewinnt der eine die 100 Schilling, und der andere verliert 100 Schilling. Gewinn und Verlust zusammengezählt ist Null.

Kreuzer: Eigentlich ist dieser Kern der Spieltheorie vor mehr als hundert Jahren erfunden worden, von Wilhelm Hauff, der sozial-kritische Märchen geschrieben hat, darunter „Das kalte Herz". Ein armer Köhlerbub ist ein Sonntagskind, und daher gibt ihm sein Waldgeist, sein positiver, sein guter Geist, drei Wünsche frei. Und der arme Bub sagt: „Mein erster Wunsch ist, ich möchte immer so viel Geld in der Tasche haben wie der reichste Mann im Ort, der reiche Ezechiel, der Holzhändler." Da sagt der Waldgeist: „Du bist ein Trottel, hast dir was Schlechtes gewünscht, aber ich kann's nicht mehr rückgängig machen." Und er, der Bub geht in den Ort, setzt sich mit dem reichen Ezechiel hin, spielt und *gewinnt* den ganzen Abend. Und am Schluss hat der reiche Holzhändler keinen einzigen Taler mehr in der Tasche – und er natürlich auch nicht, weil er ja immer so viel Geld in der Tasche hat wie sein Konkurrent. Also mit anderen Worten er hat sich was Dummes gewünscht. In unserer Sprache, es war ein negatives Nicht-Null-Summen-Spiel, bei dem beide verlieren.

Watzlawick: Und nur das Gegenteil ist sehr wünschenswert …

Kreuzer: Zum klaren Verständnis des negativen Nicht-Null-Summen-Spiels. Eigentlich sind so ziemlich alle Kriege negative Nicht-Null-Summen-Spiele.

Watzlawick: Ja, absolut. Es gibt nur Verlierer.

Kreuzer: Es gibt keinen Sieg. Jeder Kriegssieg ist eigentlich ein Pyrrhussieg und jeder Pyrrhussieg ist ein negatives Nicht-Null-Summen-Spiel. Friede ist ein positives Nicht-Null-Summen-Spiel. Aber das gilt nicht nur für Weltstrategie. Vielleicht typischster Fall unter Kindern: man baut miteinander eine Sandburg. Am Schluss freut man sich, dass man zusammen eine Sandburg gebaut hat.

Ich kann Ihnen jetzt natürlich nicht ersparen, abschließend zu fragen, was das für Werbung, Propaganda, Mission, etc. für eine Bedeutung hat. Eine umfassende Bedeutung?

Watzlawick: Meines Erachtens nach die größte Bedeutung.

Kreuzer: Also das hieße: Wer etwas Gutes, was Passendes, was Richtiges, was Notwendiges, was Gescheites zu verkaufen hat, und es gut anbietet, und es wird gut angenommen, dann sind auf faire Weise beide Seiten glücklich. Dann wären Sie als Psychiater erfolgreich, wenn Sie die Heilung, das Heil bewirkt hätten.

Watzlawick: Bis jetzt war ein solches Patientenpaar nicht in meiner Ordination.

Kreuzer: Aber man kann wohl sagen: Wenn eine Welt mit einer idealen Medienkonstellation plus Werbung plus Propaganda plus Mission eine gute Welt wäre, sollte ich eigentlich, wenn ich das Schlusskapitel Ihrer „Anleitung zum Unglücklichsein" vor mir habe, einem solchen Ziel zustreben – erreichbar ist es ja nicht.

Watzlawick: Ja gewiss.

Kreuzer: Mit ist aufgefallen, dass sich die von Ihnen popularisierte Begriffswelt der Spieltheorie im medialen, kommerziellen und auch politischen Raum herumgesprochen hat. Man hat verdienstvoller Weise den komplizierten Begriff des positiven Nicht-Nullsummenspiels auf gut Neu-Englisch (bzw. Neu-Deutsch) in die leicht verständliche Formel „Win – Win" verwandelt. Als Gegenteil gilt die Konstellation „No win – No win". Ich erlaube mir, zu bemerken, dass das Kürzel „Lose – Lose" noch korrekter wäre. Denn bei den negativen Nicht-Nullsummenspielen wird ja nicht nur nicht gewonnen, sondern im bösesten Sinn verloren. Im schlimmsten Fall Blut und Tränen ...

Watzlawick: Ja eben. Was mir am Wichtigsten scheint ist, dass auch die versuchte „Lösung" – Scheinlösung – genau das ist, was das Problem nicht nur nicht löst, sondern verschlimmert. Denken sie zum Beispiel an die fürchterliche Eskalation der Gewalt in Israel, wo beide Seiten überzeugt scheinen, dass der Feind besiegt werden muss und daher mehr Gewalt die einzige mögliche „Lösung" ist – in

Wirklichkeit aber zu mehr Blutvergießen führt – die Ereignisse am 11. September sind dafür mehr als ein beredtes Zeugnis, Menetekel der Gegenwart.

Das für mich interessanteste positive Beispiel ist die Beziehung zwischen Deutschland und Frankreich. Die beiden Nationen galten (und offensichtlich fühlten sich selbst) als „Erzfeinde", und ein blutiger Krieg alle dreißig Jahre „daher" unvermeidlich. 1963 trafen sich Adenauer und De Gaulle zu einer kurzen Besprechung, in der sie in offensichtlich genialer Weise dieses Nullsummenspiel der beiden Länder in eine Nicht-Nullsummenspiel verwandelten. Seit Jahrzehnten suche ich vergeblich nach Informationen, wie sie das taten!

Kreuzer: Ich hoffe, dass die Werbe-Branche, an die wir uns wenden, die richtigen Schlüsse zieht!

AUSKLANG

„Das Österreich, von dem ich träume"

Gerd Prechtl

Vielleicht hat Sie dieses Buch und die Beschäftigung mit einem großen Österreicher, von dem Sie gar nicht so viel gewusst haben, doch ein wenig nachdenklich gemacht, was Ihr eigenes Verhalten und Ihre eigenen Motive betrifft. Lassen Sie sich deshalb noch einige persönliche Eindrücke von einem der Herausgeber vermitteln, bevor Ernest Dichter noch einmal persönlich zu Wort kommt.

Zum Ende dieses Buches fällt mir wieder meine erste Begegnung mit Ernest Dichter 1981 ein. Ich konnte ihn damals bei der Arbeit mit einem Computerkonzern eine Woche lang in meinem Hause erleben. Er war immer gut aufgelegt, stets mit einem enormen Eifer bei der Sache und erregte meine Bewunderung, als damals noch nicht 40-jähriger, wie er mit seinen sechsundziebzig Jahren vor Aktivität und Lebensgeist sprühte.

Die Bewunderung wird heute nur noch übertroffen durch das Erleben, mit welcher Energie und geistigen Klarheit seine Witwe Hedy Dichter mit mehr als neunzig Jahren unterwegs ist. In diesen nunmehr zwanzig Jahren habe ich immer deutlicher erfahren, welcher Visionär Ernest Dichter schon als junger Mensch gewesen sein muss, dass er in den Jahren seiner beruflichen Höhepunkte zu solchen Leistungen fähig war und wie er, obwohl – oder vielleicht gerade weil – er aus ärmlichen Verhältnissen stammte, mit den Großen dieser Welt und damit sehr komplexen Problemen umgehen konnte.

Für mich wurde er zu einem bewunderten Vorbild an Geistesblitz und Witz. Gleichzeitig machte er mich aber auch nachdenklich und ließ mich dadurch meinen eigenen Weg umso besser erfahren.

Die aktuelle Bedeutung Dichters skizziert der Journalist Mike Lloyd in einem Feature der BBC aus dem Juli 2000. Im Gespräch mit dem Werbefachmann Tim Delany stellt er Ernest Dichter in eine Reihe mit Albert D. Lasker, der die Werbewirtschaft revolutionierte, mit George Gallup, der der Marktforschung den akademischen Respekt verschaffte – innovative Väter der modernen Verbraucher-Bewegung. Dichter war aber einer, der sich mit der Metaebene von Werbetechniken auseinandergesetzt hat, Werbeagenturen als Psychologie-Labors definierte und seine Intuition einsetzte, um psychologisch nachhaltig Werbekampagnen zu kreieren. Manche Dinge sind davon hängen geblieben: der Tiger im Tank, das Cabrio als Sex-Symbol u. a. m. Gallup wollte quantifizieren, Dichter wollte wissen, warum oder vielmehr warum nicht … Ursachenforschung ist auch im neuen Jahrtausend nicht überflüssig – im Gegenteil: der Mensch, das unbekannte Wesen …

Wie immer jemand zu Vorbildern stehen mag, jeder von uns hatte einmal eines oder mehrere und jeder von uns hatte sich auch entschieden von einstigen Vorbildern distanziert.
Ernest Dichter werde ich stets bewundern, auch wenn ich zum „Vater der Motivforschung" stets auch eine liebevoll kritische Distanz bewahren werde.

Eines sei aber hier zum Abschluss noch ins Gedächtnis gerufen, was Dichter so unnachahmlich konnte, ohne dass ihm dies alleine zuzuschreiben wäre: eine Geisteshaltung der Motivation durch Anerkennung, ein Anti-Fatalismus, der nach dem 11. September 2001 notwendiger denn je scheint, und eine visionäre Denkweise, die Fortschritte auf rationaler und emotionaler Ebene ermöglicht.

Lassen wir deshalb abschließend Ernest Dichter noch einmal persönlich zu Wort kommen, sodass sich jeder Leser mit der Frage konfrontieren kann: womit bin denn ich wirklich identifiziert? Steckt nicht auch ein kleines Stück Dichter in mir?

1989 veröffentlichte Dichter im Wirtschaftsmagazin Trend einen Artikel, der so unnachahmlich das Visionäre an seinem Denken auch noch mit nunmehr weit über achtzig zum Ausdruck brachte. Der Titel des Artikels lautete „Das Österreich, von dem ich träume" und seine Vision lautete „Ich will mit Stolz sagen können: „Sehen Sie, das gibt es **nur** in Österreich".

Ernest Dichter schrieb darin unter anderem: Viele von uns „Exilierten" haben im Ausland Erfolg gehabt. Warum? Wir sind „anti-fatalistisch". Wir haben unser Schicksal bekämpft und es nicht blind und feige akzeptiert. Wir haben uns im Ausland durchsetzen müssen und wir haben auch gelernt, *„why not?"* zu fragen. „Why not?" zu fragen, hieß ungewöhnliche Dinge zu tun, hieß ungewöhnliche Marktnischen zu finden und neue Berufe zu entdecken.

Österreich braucht beides: „Anti-Fatalismus" und den Mut, „why not?" zu fragen. Beides könnten wir „Exilierten" wieder nach Österreich bringen. Warum? Weil wir wieder auf Österreich stolz sein wollen.

Dichter schreibt in dem Artikel weiter:

Ich würde ein Programm für das Dritte Jahrtausend aufstellen, einen „Club 3000" gründen. Ein „sozialtechnisches Laboratorium", welches pragmatische Lösungen entwickelt.

Wie bringt man Abhängigen am besten bei, selbstständige Unternehmer zu werden? Wie lernen Kinder, Vorurteile zu erkennen*? Lernen wir in der Schule, unsere Emotionen zu verstehen? Lernen wir, dass Demokratie nur dann funktioniert, wenn wir lernen, Entscheidungen zu treffen?

Ich weiß, wir lernen das alles nicht in der Schule. Okay, dann ändern wir das! Schaffen wir die moderne österreichische Schule. Und weil Wien die Stadt Siegmund Freuds ist, wird es in jedem Spital auch eine psychosomatische Abteilung geben. „Why not?"

Was leistet Österreich für die Entwicklungsländer? Finanziell nicht viel. Aber Entwicklungsländer brauchen mehr als Geld. Sie brauchen Ärzte und technisches Know-how, bestgeschulte Manager und vor allem Verständnis.

Das Österreich, von dem ich träume, würde vieles tun, was sich die großen Länder nicht trauen. Österreich könnte das *Research* Labor der anderen sein. Und es würde als Lehrer akzeptiert werden, weil es weniger bedroht und weniger Eifersucht erweckt.

Vielleicht wird es mein Traum-Österreich nie geben, aber viel wäre schon gewonnen, wenn es den Beginn einer Umorientierung gäbe, einen Aufbruch zu Neuem.

„Mein" Österreich könnte ein Zentrum für neue Ideen werden, ein Zentrum für soziale Genesung, wo es statt Gefängnisstrafen Dienst an der Gemeinschaft gibt, Büros, die Gärten ähneln und wo Arbeiter und Angestellte *„shareholder"* sind. „Why not?"

---

* Ein Beispiel: die Gründung des CCC-international (1993 durch Elfriede Schmidt) geht auf Ernest Dichter zurück: CCC-international – Children's Communication Corner – ein internationaler Club (mit Sitz in Graz und Kontaktbüros in Wien, London, New York und Washington) für die kreative Entfaltung von Kindern und Jugendlichen, der sich zum Ziel setzt, Kinder und Jugendliche umfassend zu fördern, Vorurteile sozialer oder ethnischer Art abzubauen und durch den Kontakt mit herausragenden Persönlichkeiten Kinder zu Leistungsfähigkeit und Wertbewusstsein zu motivieren.

Es gibt viele Probleme, die sich durch richtige Motivationen lösen lassen. Oft sind es Ego-Probleme. Das Österreich, von dem ich träume – „mein" Österreich: es wäre Analytiker und Vermittler, Problemlöser für die ganze Welt.

„Mein" Österreich, es könnte Beispiel sein für Europa, es könnte dafür plädieren, dass Europa nicht nur physische Grenzen fallen lässt, sondern auch engstirnige Ideen. Österreich hätte alle Voraussetzungen für diese Rolle, es bräuchte nur das notwendige Selbstvertrauen.

„Da Weaner geht net unter" heißt es, und angeblich hat der Österreicher auch „Hamur". Tatsächlich besteht ein Teil der österreichischen Lebenskunst darin, sich immer wieder von der Verzweiflung zu erholen und weiterzumachen. Eine wunderbare Eigenschaft, die man nützen sollte: Stressbekämpfung auf österreichisch! Im Wiener Kaffeehaus, zu neuem Leben erweckt, wo man meditieren, wo man Ruhe genießen kann …

Ich bin bereits so weit in meinem Leben, dass ich gelernt habe, den Sinn des Lebens nur im Streben, im Wachsen, im Sammeln neuer Erlebnisse zu begreifen. Ein Ziel zu erreichen ist weniger wichtig. Im Gegenteil: jedes Mal wenn wir gefährlich nahe an ein Ziel herankommen, sollten wir es weiter weg stecken.

„Mein" Österreich ist die mögliche Antwort auf dieses Dilemma: „Österreich ist die kleine Welt, in der die große ihre Probe hält", hat schon Friedrich Hebbel einmal gesagt. Viele Länder waren unsere Ideale, aber alle haben uns irgendwann enttäuscht. „Mein" Österreich ist ein neuer Weg. Die „vertriebene Vernunft" kehrt, getragen von der Emotionalität, zurück.

Alles Utopie? Vielleicht. Aber ich schreibe über das Österreich, von dem ich träume. – „Traum und Wirklichkeit" – Es war eine wunderbare Ausstellung, aber wir sollten sie neu gestalten – „Why not?"

Anmerkungen

1. E. Dichter: *Motivforschung – mein Leben*. Die Autobiographie eines kreativ Unzufriedenen, Frankfurt am Main 1977, S. 46.
2. Vgl. E. Dichter im Interview mit Franz Kreuzer.
3. Vgl. zum Beispiel E. Dichter: *Autobiographie*, S. 105 ff.
4. E. Dichter: *Autobiographie*, S. 05.
5. E. Dichter: *Autobiographie*, S. 13; der Anstoß, Psychologie tatsächlich zu studieren, kam erst 1929/30 von einer Freundin Dichters während dessen Studienaufenthalts in Paris, vgl. Autobiographie, S. 48 f.
6. E. Dichter: *Autobiographie*, S. 109.
7. E. Dichter: *Autobiographie*, S. 46.
8. Vgl. E. Dichter: *Autobiographie*, S. 34 ff.
9. Vgl. E. Dichter, *Autobiographie*, S. 76.
10. E. Dichter: *Autobiographie*, S. 34.
11. E. Dichter: *Autobiographie*, S. 34 f.
12. E. Dichter: *Autobiographie*, S. 34.
13. Vgl. E. Dichter: *Autobiographie*, S. 332 ff.
14. E. Dichter: *Autobiographie*, S. 56 f; vgl. hierzu E. Dichter: *Das große Buch der Kaufmotive;* Düsseldorf [u. a.] 1981, S. 9: „Jeder träumt von Omnipotenz."
15. E. Dichter: *Autobiographie*, S. 226.
16. E. Dichter im Interview mit Franz Kreuzer, vgl. hierzu auch E. Dichter: *Autobiographie*, S. 39 f und S. 68 f.
17. Vgl. E. Dichter: *Autobiographie*, S. 61 ff.
18. Vgl. E. Dichter: *Autobiographie*, S. 96. – Der bzw. die zweite ist Lazarsfelds zweite Ehefrau, Hertha Herzog, ebenfalls Soziologin von Weltrang, mit der Lazarsfeld in den USA die Sozialforschung eminent weiterentwickelt, sowohl in statistischen Methoden, wie auch in sozialpsychologischer Interpretation, Fragebogendesign, Tiefeninterview und Evaluierung von Fallstudien.
19. E. Dichter: *Autobiographie*, S. 374.

19a Das Ziel der neopositivistischen Philosophen des Wiener Kreises (1922–1938) war – im Anschluss an die Forschungen Ernst Machs – die Synthese von Empirismus und moderner Logik zu einer Einheitswissenschaft, wobei die „Metaphysik" der traditionellen „spekulativen Philosophie" strikt abgelehnt und zu „überwinden" versucht wurde: Grundlegend war das Bemühen, alle wissenschaftlichen Aussagen in eine umfassende formale Sprache (zum Beispiel der Mathematik oder der Physik) zu übersetzen, um so die Objekte der Philosophie (Sätze, Begriffe und Theorien der Wissenschaft) im Rahmen einer positivistisch-wissenschaftlichen Philosophie exakt darzustellen. Der Wiener Kreis erlangte schnell internationale Geltung – bis auch seine Arbeit durch Austrofaschismus und Nationalsozialismus unterbunden und namhafte Vertreter vertrieben wurden; sie übten nach 1938 ihren Einfluss v. a. im angelsächsischen Raum weiter aus, wodurch auch nach Ende des Zweiten Weltkriegs das Programm des Wiener Kreises die weitere Entwicklung der Wissenschaftstheorie maßgeblich beeinflusste (vgl. *http://www.aeiou.at/aeiou.encyclop.w/w603197.htm*).

20 E. Dichter im Interview mit Franz Kreuzer.
21 Dichters Umgang mit dieser vertrackten Verbotssituation illustriert folgende Passage aus dem Kapitel „Methode der Arbeit und Abweis der Kritik" seiner Dissertation: „Von der Tiefenpsychologie wird uns eingewendet, dass, wenn wir zum Beispiel von jemandem ein allgemein negatives Urteil über seine Fähigkeiten erhalten, wie es in unserem Material tatsächlich der Fall ist, dies doch, wenn auch dem Betreffenden unbewusst, als Arrangement aufgefasst werden könnte, dahinzielend, von uns oder sonst jemand anderem einen ermutigenden Widerspruch zu hören. (…) Daten des Unbewussten sind für uns uninteressant. Wir leben nicht in einer Welt von Analysierten. (…) Ob allerdings diese Überlegungen für alle Gebiete der Lebenspsychologie Gültigkeit haben und ob es nicht doch notwendig sein wird, bei manchen Fragestellungen eingehendere Anamnesen, wenn auch unbeeinflusst von irgendeiner außenstehenden Interpretationsterminologie, zu machen, gehört nicht mehr hierher" (E. Dichter: *Die Selbstbeurteilung der eigenen Fähigkeiten und Leistungen*, Phil. Diss., Wien 1934, S. 11–14). Über die Hintertreppe der Negation bringt Dichter unter zweideutig gewordener Überschrift (Abweis der Kritik woran nun – an der Dissertation oder doch der Psychoanalyse?) in einer für ihn nicht unwichtigen Arbeit die Tiefenpsychologie ins Spiel, karikiert offenbar in wörtlich zitierter apodiktischer Dogmatik der Vertreter einer reinen Lehre – „Wir leben nicht in einer Welt von Analysierten" tritt in der gesamten Arbeit nur an dieser Stelle auf und klingt allzu sehr nach ständig deklamiertem Stehsatz von Vertretern einer „ehrenwerten Psychologie" –, um abschließend mehr denn minder explizit auf die Bedeutung „irgendeiner außenstehenden Interpretationsterminologie" (sprich: Psychoanalyse) und ihre „eingehenderen Anamnesen" (sprich: Tiefeninterviews) hinzuweisen. Auf ebenso anschauliche wie amüsante Weise zeigt sich Dichters schon früh manifestes Engagement für Tiefenforschung und letztlich auch sein Erfolgsrezept: den tiefenpsychologischen Weg unbeirrt mit Nonchalance zu gehen.
22 Dichter, Ernest: *Strategie im Reich der Wünsche*. – 1. Aufl. – Düsseldorf: Econ-Verl., 1961 (= The Strategy of Desire. – New York: Doubleday & Co., 1961), S. 49.
23 E. Dichter: *Autobiographie*, S. 181 f.
24 E. Dichter im Interview mit Franz Kreuzer: „(Karl Bühler) selbst und Charlotte sind zwar von den dort (in den USA; Anm.) lebenden Österreichern sehr geschätzt worden, aber in der amerikanischen Wissenschaft sind sie nicht durchgekommen. Das hängt damit zusammen, dass sie die Psychoanalyse strikt abgelehnt haben, und die war in Amerika gefragt, wenn es um Psychologie aus Österreich ging."
25 Vgl. E. Dichter im Interview mit Franz Kreuzer.
26 Dichters Angebotsbriefe fallen durch ungewohnte Farbigkeit (versus das uniforme

Weiß und Beige der üblichen Geschäftspost) und ungewöhnliche (Klein-)Formate und Verpackungen auf – seine Schreiben landen auf diese Weise immer ganz oben auf den Poststapeln der Empfänger ... (Derartige Impact fördernde Finten finden durch andere Autoren Jahrzehnte später Eingang in diverse Ratgeber des „Guerilla-Marketing"...).

27 Vgl. E. Dichter im Interview mit Franz Kreuzer.
Diese Ratlosigkeit der *Esquire*-Leute führt Dichter zu einer für ihn selbst wichtigen Erfahrung: „Ich begann damals zum ersten Mal, mir klar darüber zu werden, dass Motivforschung nicht damit zu Ende ist, Resultate zu finden, sondern dass man dem Auftraggeber, wer immer er auch sein mag, helfen muss, die Resultate richtig anzuwenden" (E. Dichter: *Autobiographie*, S. 79).

28 Vgl. E. Dichter: *Autobiographie*, S. 80 ff.

29 E. Dichter: *Autobiographie*, S. 80.

30 E. Dichter: *Strategie*, S. 276.

31 Dichter rekapituliert diese Studie in ihrem Design und ihren Ergebnissen ausführlich als Modellfall psychologischer Motivforschung in Strategie, S. 347–387.

31a Dieses „Schloss", in dem Dichter damals – mit bis zu sechzig Mitarbeitern, darunter Sozial- und Geisteswissenschafter verschiedenster Disziplinen – sein Hauptquartier hatte, ist heute übrigens das Clubhaus des New Yorker Prominenten-Golfplatzes ... Dichter überzeugt also auch in dieser symptomatischen Entscheidung (für die „richtige" weil außerordentliche Location) durch Urteilskraft und Gespür für das „Richtige".

32 „The function played by ice cream in their (the respondents') lives stems from the whole emotional aura of voluptousness, childhood experience, and uninhibited over-indulgence. It is these functions which form the basis on which an advertiser can build an effective campaign" – so eines der von Dichter oft gebrachten Beispiele (E. Dichter: *„A Psychological View of Advertising Effectiveness", The Journal of Marketing* 14, Nr. 1 (Juli 1949), S. 61–66; 64.

33 E. Dichter: *„A Psychological View of Advertising Effectiveness", The Journal of Marketing* 14, Nr. 1 (Juli 1949), S. 61–66; 66.

34 E. Dichter: *Strategie*, S. 49.

35 Vgl. E. Dichter: *Strategie*, S. 26 f.

36 E. Dichter: *Autobiographie*, S. 162.

37 E. Dichter: *Strategie*, S. 173 (Hervorhebung im Original).

38 E. Dichter: *Strategie*, S. 42; vgl. ebd. S. 135 f: „Ich beschäftige mich mit den Gewohnheiten und Handlungsweisen der Menschen, ungeachtet dessen, ob ihr Wohnsitz jetzt Paris, Frankfurt, Chicago, New York oder Samoa ist." Dichter nennt sein *Handbuch der Kaufmotive* denn auch „eine Art zeitgenössischer Kultur-Anthropologie des modernen Menschen" (E. Dichter: *Handbuch der Kaufmotive; der Sellingappeal von Waren, Werkstoffen und Dienstleistungen;* Düsseldorf [u. a.] 1964, S. 7).

39 Bei Dichter klingen hier C. G. Jungs Archetypen des „kollektiven Unbewussten" (vs. des individuellen Unbewussten) an; Dichter steht damit aber auch in und z. T. am

Beginn einer „marktforscherischen" Tradition, die sich einer ganzen Reihe ähnlicher Ansätze bedient: zum Beispiel jenem Max Webers, der neben zweck- und wertrationalem Handeln auch die Kategorien des affektuellen und v. a. traditionalen Handelns nennt (und damit Motive als über das Individuum hinausreichend beschreibt); zum Beispiel handlungstheoretischen Ansätzen, die „normenreguliertes Handeln" (d. h. Verhalten orientiert an sozialen Normen der jeweiligen Gesellschaft) neben zielgerichtetes, affektreguliertes, dramaturgisches und kommunikatives Handeln stellen (Jürgen Habermas); zum Beispiel auch systemtheoretischen Ansätzen wie jenen Talcott Parsons', der Kultur, Gesellschaft und Persönlichkeit als interagierende Subsysteme beschreibt (Einbindung des Individuums in die Kultur durch Internalisierung und Institutionalisierung). – An Aspekten wie diesem erweist sich der erklärte Theorieächter Dichter durchaus in fundierter und guter „theoretischer" Gesellschaft.

40 Vgl. E. Dichter: *Strategie,* S. 171 ff.
41 Vgl. E. Dichter: *Strategie,* S. 172.
42 E. Dichter: *Strategie,* S. 173.
43 Zweifellos hat solches Vorgehen viel mit Intuition, breiter Bildung und Talent zu tun. Dass diese denkbar umfassende Form der Problemannäherung aber von höchstem Nutzen und größter Aussagekraft sein kann, zeigt sich nicht zuletzt daran, dass Marktforschung und Marketing von den angesprochenen mythenanalytischen Studien Claude Lévi-Strauss' (Mythen als Hinweise auf Ordnungsprinzipien innerhalb einer Kultur) und den *„Mythen des Alltags"* Roland Barthes' (vgl. die Inszenierung großer Mythen einer Kultur durch Produkte, Marken und Kampagnen) zu profitieren verstehen.
44 E. Dichter: *Strategie,* S. 174.
45 E. Dichter: *Strategie,* S. 101.
46 Dichter, Ernest: *Neues Denken bringt neue Märkte. Analyse der unbewussten Faktoren, Umsetzung ins Marketing, Anregungen und Beispiele.* – Wien: Ueberreuter, 1991, S. 23.
47 Vgl. E. Dichter: *Strategie,* S. 109 ff.
48 E. Dichter: *Strategie,* S. 115.
49 Vgl. E. Dichter: *Strategie,* S. 115 ff.
50 E. Dichter: *Strategie,* S. 112.
51 Vgl. Dichter, Ernest: *Handbook of consumer motivations; the psychology of the world of objects.* – New York [u. a.]: McGraw-Hill, 1971 (= *Handbuch der Kaufmotive. Der Sellingappeal von Waren, Werkstoffen und Dienstleistungen.* – 1. Aufl. – Wien; Düsseldorf: Econ-Verl., 1964), S. 559 ff (Index).
52 E. Dichter: *Strategie,* S. 101 (Hervorhebung im Original).
53 E. Dichter: *Strategie,* S. 102 f. Die Projektion der Käufer-Persönlichkeit auf ein Produkt beschreibt Dichter am ausführlichsten dort, wo es um den Autokauf geht. Im Rahmen seiner Studie über die „Psychologie des Autokaufs" für den „Plymouth"

äußern Befragte zum Beispiel: „Mein Auto ist mir ein besserer Kamerad geworden, als ich es mir je vorgestellt hatte"; „Jedesmal, wenn ich einen Wagen in Zahlung gebe, glaube ich einen Freund zu verlieren"; „Ich hatte das Gefühl, der Wagen passte zu mir, wir gehörten zusammen" etc. (E. Dichter: *Strategie*, S. 361 f).

54 E. Dichter: *Strategie*, S. 105.
55 Vgl. Thorstein Veblen: *Theorie der feinen Leute (Theory of the Leisure Class*, 1899); Pierre Bourdieu: *Die feinen Unterschiede (La distinction*, 1979).
56 E. Dichter: *Strategie*, S. 311.
57 E. Dichter: *Autobiographie*, S. 136.
58 E. Dichter: *Strategie*, S. 88 f.
59 Paul F. Lazarsfeld: *„The Art of Asking Why"*, National Marketing Review, Nr. 1/1935; wieder in: Elihu Katz et al.: *Public Opinion and Propaganda*, 2. Aufl., New York 1954.
60 Vgl. E. Dichter: *Strategie*, S. 57: „Befehle sind zweifellos eine raschere und wirksamere Beeinflussungsmethode (…) Überzeugen hingegen ist langsamer, beschwerlicher, aber gleichzeitig anhaltender und gesünder. Im Bereich des Warenabsatzes haben herabgesetzte Preise, Sonderangebote usw. die Funktion von Befehlen. Die Persönlichkeit einer Firma herauszubilden, Markentreue zu schaffen entspricht eher echter Überzeugungsarbeit. Es erfordert mehr Zeit, die Wirkung aber ist anhaltender."
61 E. Dichter: *Autobiographie*, S. 168.
62 E. Dichter: *Autobiographie*, S. 163.
63 E. Dichter: *Strategie*, S. 163.
64 Vgl. E. Dichter: *Handbuch*, S. 52 f, und *Autobiographie*, S. 275 f.
65 Vgl. Vance Packard: *Die geheimen Verführer. Der Griff nach dem Unbewussten in jedermann*, Düsseldorf [u. a.]: Econ-Verlag 1992, S. 166 ff.
66 E. Dichter: *Autobiographie*, S. 169.
67 Das Negieren der emotionalen Motive, der sog. „niedrigeren Impulse" inkl. animalischer Begierden wurde auch als „kortikale Arroganz" bezeichnet, die die Ratio als normative Kraft des Handelns überbewertet. Vgl. E. Dichter: *Kaufmotive*, S. 29.
68 Vgl. E. Dichter, *Autobiographie*, S. 218.
69 Vgl. ebd. S. 57.
70 Dichter, Ernest: *The Strategy of Desire*. – New York: Doubleday & Co., 1961 (= *Strategie im Reich der Wünsche*. – 1. Aufl. – Düsseldorf: Econ-Verl., 1961).
71 Vgl. E. Dichter: *Handbuch*, S. 19.
Dichter, Ernest: *Neues Denken bringt neue Märkte. Analyse der unbewussten Faktoren, Umsetzung ins Marketing, Anregungen und Beispiele*. – Wien: Ueberreuter, 1991 S. 176 und an mehreren Stellen.
72 E. Dichter: *Kaufmotive*, S. 471.
73 Vgl. E. Dichter: *Strategie*, S. 316–338.
74 Vgl. E. Dichter: *Autobiographie*, S. 381–392.
75 Vgl. ebd. S. 363 ff. Theodizee-Frage nach dem Sinn menschlichen Leids u. a. m.
76 E. Dichter: *Strategie*, S. 323.

77 ebd.
78 Gehlen, Arnold: *Gesamtausgabe/Arnold Gehlen*. – Frankfurt am Main: Klostermann. – 3: *Der Mensch: seine Natur und seine Stellung in der Welt*. – Teilbd. 1./[hrsg. von Karl-Siegbert Rehberg. Unter Mitw. von Zuhal Bayraktar ...]. – Textkrit. Ed. Unter Einbeziehung des gesamten Textes der 1. Aufl. von 1940, 1993.
79 Das ewige Dilemma nach Erich Fromm: *„Die Flucht vor der Freiheit"*, zitiert in E. Dichter: *Autobiographie*, S. 355.
80 Vgl. E. Dichter: *Strategie*, S. 337; *Autobiographie*, S. 363; *Kaufmotive*, S. 12 und an mehreren Stellen.
81 E. Dichter: *Kaufmotive*, S. 12.
82 Vgl. Interview Kreuzer-Dichter s. o.
83 E. Dichter: *Strategie*, S. 337.
84 Vgl. E. Dichter: *Autobiographie*, S. 363.
85 Ebd. S. 354.
86 die „endlosen Felder von Seele und Geist des Menschen", E. Dichter: *Strategie*, S. 337.
87 Vgl. Interview Kreuzer-Dichter s. o.
88 ebd.
89 Leitsatz, zitiert in *Who's Who in America:* 1982–1983. – 42 Ed. – Chicago: *Marquis Who's Who,* 1983.
90 Dichter, Ernest: *Handbuch der Kaufmotive. Der Sellingappeal von Waren, Werkstoffen und Dienstleistungen*. – 1. Aufl. – Wien; Düsseldorf: Econ-Verl., 1964 (= *Handbook of consumer motivations; the psychology of the world of objects*. – New York [u. a.]: McGraw-Hill, 1964).
Dichter, Ernest: *Das große Buch der Kaufmotive*. – 1. Aufl. – Düsseldorf; Wien: Econ-Verl., 1981.
91 Vgl. E. Dichter: *Kaufmotive*, S. 7.
92 E. Dichter: *Strategie*, S. 101.
93 Vgl. Folgende Beispiele sind dem Handbuch der Kaufmotive entnommen.
93a E. Dichter: *Strategie*, 23 ff.
94 Vgl. Studie Procter & Gamble, s.o.
95 Vgl. E. Dichter: *Kaufmotive*, S. 35 und an mehreren Stellen. Heidegger spricht von „Seinsvergewisserung". „Diese [dynamische] Sicherheit ist [...] die Quintessenz von [aller] [...] ‚Strategie im Reich der Wünsche', der Werbung, dem Verkauf, den Wahlen und anderen praktischen Problemen. [...] Der Fachmann menschlicher Strategie, sei er nun Politiker, Erzieher oder Werbungtreibender, ist ein Gefangener eben dieses Dilemmas [starre vs.dynamische Sicherheit]. Er ist ein ‚Reisender in Sicherheit', es bleibt ihm gar keine andere Wahl, egal was seine Produkte, seine Absichten und seine Ziele sind." (E. Dichter: Strategie, S. 249).
96 Vgl. E. Dichter: *Strategie* S. 305.
97 Ebd.

98   Ebd. S. 12.
99   Ebd.
100 Vgl. E. Dichter: *Strategie*, S. 218; *Autobiographie*, S. 244 Beispiel: Haushaltserleichterung durch Fertigprodukte (Lebensmittel) und das damit verbundene Schuldgefühl der Hausfrau, bequem zu sein, sich der „Mühsal" = negative Besetzung menschlicher Arbeit (auch hier Mythos der Genesis!) – entzogen zu haben.
101 Vgl. E. Dichter: *Kaufmotive*, S. 73 und an mehreren Stellen.
102 E. Dichter, *Kaufmotive*, S. 524.
103 Nicht nur Freud, auch Moritz Schlick vertritt das Lustprinzip als Moralbegründung.
104 E. Dichter: *Strategie*, S. 315.
105 Ebd. S. 306.
106 Vgl. zum Beispiel E. Dichter: *Autobiographie*, S. 134–152.
107 E. Dichter: *Strategie*, S. 307.
108 Vgl. E. Dichter: *Kaufmotive*, S. 30 f.
109 Vgl. E. Dichter: *Autobiographie*, S. 135.
109a „(Der Sozialforscher) kann (die menschlichen Wünsche) stärken, kann sie den Menschen ins Bewusstsein rufen und kann Vorschläge für ihre Befriedigung unterbreiten. Auch kann er die menschlichen Wünsche – zumindest vorübergehend – hemmen." Aber: „Dem Sozialforscher ist die Macht, sie zu schaffen, nicht gegeben." (E. Dichter: *Strategie*, S. 53).
110 Vgl. ebd. S. 243.
111 Vgl. ebd.
112 Vgl. E. Dichter: *Neues Denken*, S. 176 und an mehreren Stellen.
113 Vgl. E. Dichter: *Autobiographie*, S. 138 f.
114 Vgl. den gleichnamigen Titel: Ernest Dichter: *Überzeugen, nicht verführen – die Kunst, Menschen zu beeinflussen.* – Düsseldorf; Wien: Econ-Verl., 1971; vgl. auch *Handbuch der Kaufmotive*, S. 459.
115 E. Dichter: *Europa-Studie* S. 35; zur philosophischen Ausbildung vgl. auch *Autobiographie* S. 162 f).
116 Dichter, Ernest: *Europas unsichtbare Mauern. Die Rolle nationaler Vorurteile und ihre Überwindung. Eine Motivuntersuchung zur europäischen Einigung f. d. Europa-Union Deutschland.* – Düsseldorf: Europa-Union-Verl., 1962.
117 Vgl. ebd. S. 54: „Vielleicht muss man dazu eine Art Bildungsinstitut ins Leben rufen, in dem die ‚Psychotherapeuten' des zukünftigen Europas ausgebildet werden, in dem man ihnen beibringen müsste, ... was man praktisch ... durch die Presse, das Fernsehen, das Radio erreichen könnte."
118 Ebd. S. 54.
119 Die Befreiung des Individuums von seiner selbstverschuldeten Unmündigkeit (Kant) bzw. das analytische Durchdringen des Un- und Unterbewussten, des Vorurteils (Freud).

120 *Trend,* April 1989, S. 141 ff.
121 Vgl. unten Paul Watzlawick.
122 E. Dichter: *Strategie,* S. 19 ff.

Auswahlbibliographie („Best of Dichter")

Monographien

Dissertation

Dichter, Ernst: *Die Selbstbeurteilung der eigenen Fähigkeiten und Leistungen.* – Phil. Diss., Universität Wien (Philosophische Fakultät; Psychologie), 1934

Dichters „Theorie" – sein Leben und sein Werk

Hauptwerke:
Ds.: *The Strategy of Desire.* – New York: Doubleday & Co., 1961 (= *Strategie im Reich der Wünsche.* – Düsseldorf: Econ-Verl., 1961)

Ds.: *Handbook of Consumer Motivations; the Psychology of the World of Objects.* – New York [u. a.]: McGraw-Hill, 1964 (= *Handbuch der Kaufmotive. Der Sellingappeal von Waren, Werkstoffen und Dienstleistungen.* – Wien; Düsseldorf: Econ-Verl., 1964)

Ds.: *Motivforschung – mein Leben. Die Autobiographie eines kreativ Unzufriedenen.* – Frankfurt/Main: Lorch-Verl., 1977 (= *Getting motivated; the secret behind individual motivations by the man who was not afraid to ask „why".* – New York [u. a.]: Pergamon Press, 1979)

Weitere:
Ds.: *Das große Buch der Kaufmotive.* – 1. Aufl. – Düsseldorf; Wien: Econ-Verl., 1981

Ds.: *Motivating Human Behavior* (1971; dt. unter dem Titel *Überzeugen, nicht verführen,* 1971, und *Gezielte Motivforschung; so machen Sie mehr aus Ihrem Produkt!,* 1991)

Ds.: *Packaging, the sixth sense?; a guide to identifying consumer motivation.* – Boston: Cahners Publishing, 1975

Ds.: *Neues Denken bringt neue Märkte. Analyse der unbewussten Faktoren, Umsetzung ins Marketing, Anregungen und Beispiele.* – Wien: Ueberreuter, 1991

Dichter, der Managementguru

Ds.: *The naked manager.* – New York [u. a.]: McGraw-Hill, 1974 (= *Der nackte Manager. Erfolgreiches Management ohne Systemzwang.* – Frankfurt/Main: Lorch-Verl., 1975)

Ds.: *Die zweite Karriere. Neue Wege zu einem erfüllten Berufsleben.* – 1. Aufl. – Wien [u. a.]: Econ-Verl., 1975

Ds.: *So führen Manager ihr Unternehmen zu Spitzenleistungen; auf der Suche nach den Erfolgsfaktoren der Führung* (1984; auch unter dem Titel *Erfolgsfaktoren für Führungskräfte; Entscheidungsfindung, Planung, Kreativität, Motivation, Teamarbeit;* mit 37 Tests, 1986)

Ds.: *How hot a manager are you?* – New York [u. a.]: McGraw-Hill, 1987

Dichter, der Zukunftsforscher

Ds.: *Europas unsichtbare Mauern. Die Rolle nationaler Vorurteile und ihre Überwindung. Eine Motivuntersuchung zur europäischen Einigung f. d. Europa-Union Deutschland.* – Düsseldorf: Europa-Union-Verl., 1962

Ds.: *Comment vivrons-nous en l'an 2000 ?* – Paris: Hachette, 1979

Im Ernest-Dichter-Archiv (Bibliothek am Institut für Publizistik und Kommunikationswissenschaft der Universität Wien) lagern umfangreiche Bestände von Ernest Dichters unselbstständig erschienener Literatur (ca. 1500 Artikel), darüber hinaus sind die etwa 4000 Studien Dichters nicht einmal zur Hälfte inventarisiert und bisher auch nicht ausgewertet – ein lohnendes Projekt für die Zukunft!

Personenverzeichnis

Adam und Eva 76
Adler, Alfred 53, 58, 67, 72
Aichhorn, August 25, 53
Aristoteles 82

Barthes, Roland 61
Beigbeder Frédéric 124
Benjamin, Walter 70
Bettelheim, Bruno 13
Boltzmann, Ludwig 52
Bourdieus 64
Bühler, Charlotte 22, 23, 24, 52
Bühler, Karl 11, 23, 52, 54
Bühler-Hetzer 86

Carnap, Rudolf 52
Chrysler 54

Delany, Tim 147
Dichand, Hans 114
Dohnal, Johanna 114
Drucker, Peter 13

Edelmann, Gerald 129
Einstein, Albert 54
Ekstein, Rudolf 13

Ford, Henry 111
Frankl, Viktor 52, 72
Freud, Sigmund 12, 13, 14, 21, 25, 28, 38, 54, 58, 73, 78, 81, 87, 109, 157

Gehlen, Arnold 74
Gallup, George 147
Gansterer, Helmut 80
Gerken, Gerd 118, 123
Gombrich, Ernst 128

Hahn, Hans 52
Hayek, Friedrich von 121
Hebbel, Friedrich 150
Herzog, Hertha 151
Horx 123

Jago 15
Jahoda, Mitzi 24, 100
Jung 58

Kant 74, 78, 81
Kraus, Karl 86
Kreisky, Bruno 57

Lasker, Albert D. 147
Lazarsfeld, Paul 12, 13, 23, 24, 54, 65, 100
Lévi-Strauss, Claude 61
Lewin, Kurt 54
Lloyd, Mike 147
Locke, John 73
Lorenz, Konrad 130, 135
Luther 76

Mach, Ernst 52, 151
Mann, Thomas 13
Montros 105
Moses 28, 82

Nestroy 88
Neurath, Otto 52

Orwell, George 64
Othello 15

Packard Vance 12, 33, 45, 58, 64, 68, 117

Planck, Max 52
Plato 13, 73
Popcorn, Faith 113, 123
Popper, Karl 22, 52, 65, 128, 129, 139
Preminger, Otto 14

Reik, Theodor 53
Reik & Reich 58
Rogers, Carl 52

Samson und Dalila 76
Saxer 123
Schierholz 123
Schlick, Moritz 12, 52, 60, 86, 91, 157
Schmidt, Elfriede 149
Senger, Gerti 114

Smith, Adam 73
Stekel, Wilhelm 25, 53
Susi 105
Thoma, Helmut 131
Thompson 27
Tom 105

Veblens, Thorstein 64

Watzlawick 13
Wilder, Billy 14
Winte, Poldi 106
Wittgenstein, Ludwig 52
Wolfe, Tom 58

Zeisel, Hans 24, 100

Stichwortverzeichnis

Absolution 77
Aha-Erlebnis 22, 116
American Airlines 57
Anti-Fatalismus 148
A-Projekte 33, 34, 35, 50, 119, 140
Arbeiter-Zeitung 7
Arbeitsmarkt 26

Beobachtung 48, 66
Beziehungstherapie 139
B-Projekte 33, 34, 50, 119, 140
Brain-Script 128, 130, 131, 132, 133, 134, 136
   – David-gegen-Goliath 134, 136

California Wonderfruit 68
CBS 56
Citroen-Ente 122
Coca Cola 116, 141
Columbo 134
Charisma 123
Chrysler/Plymouth 21, 36 104
Club 3000 149
Codes 115, 121, 122
   – Exklusions-Codes 121
   – Inklusions-Codes 121

De Grasse 103
Déjà-vu 133
Depth boy 46, 54
Die Arbeitslosen von Marienthal 23, 100
Die geheimen Verführer 45
drittes Ohr 53
DuPont 57

Emotion 71, 73, 79
Emotionalität 71
Erfassung des Ganzen 61
Esquire 29, 45
Esso 57
EVAlution 113, 114

Fatalismus 77
Ferrari 118

Girlcott 113
Grass Roots 121, 122
Greenpeace 136
große Frage 52, 60, 65, 73
Grundig 115
Gruppendiskussion 66
Gucci 122

Hedonismus 78
Hidden persuaders 12, 45, 117
Hirn 130
   – forschung 129
   – system, limbisches 131
   – wäsche 117
HörZU 7
Hula-Hoop-Reifen 121
Humanismus 80

Identifikation 63
Image 31, 32, 34, 54, 55, 62, 63, 70, 122, 123
Immunsystem 120
Irrationale, das 53
Ivory Soap 45, 54, 104

Stichwortvereichnis

Johnson & Johnson 57
Juden 88
Judentum 86, 87

Kausalität, zirkuläre 142
Konstruktivismus 139
Kreativität 48, 74
Kuschel-Sehnsucht 121

Labroratories 7
Laser Technik 120
Lufthansa 57

Marketing 109, 114
Maske der Verhaltensweisen 59
Mercedes 36, 115, 122, 123
Mission 139, 144
Motivation 28, 36, 59, 60, 79, 82, 83
Motivations-Denken 58
Motive 37, 47, 69, 75, 76, 77, 78, 110, 118,
 – Kaufmotive 109, 112, 113, 114
Motivforschung 15, 19, 28, 34, 45, 46, 48, 49, 50, 59, 60, 67, 69, 74, 78, 79, 83, 110, 127
Mythos 123
 – Ferrari 118, 123
 – Hyundai 123
 – Marke 118
 – Sicherheit 120

Nachtstudio 7, 19
Nike-Town 132
Nose counters 54, 57
Null-Summen-Spiel 143

ORF 19, 121
Österreich 148

Palmers 115
Playboy 29, 114

Plymouth 30, 55
Post-Shopping-Frustration 124
Procter & Gamble 54, 104
Produktpersönlichkeit 62
Projektion 63
Propaganda 139, 140, 144
Psychoanalyse 12, 13, 23, 24, 25, 49, 52, 53, 54, 85, 86, 86, 87, 88, 89
Psychodrama 66
Psychotherapie 101
Punk 121

Rabbi 86
Research Labor 149

Säbelzahntiger 130
Scooter 121
Seele
 – der Dinge 62, 70
 – des Produkts 61, 69
Seinerzeit-Fernsehserien 134
Sicherheit 63, 76
Siemens 57
Smart 122
Sozialdemokratie 21
Sozialforschung, empirische 11
Spieltheorie 139, 144
SSX 123

Temelin 119
Tiefeninterview 66, 67, 75
Tiefenpsychologie 109
Tiger im Tank 13, 45
Time 56
Trends 121
Tugendterror 136
Tupperware 113

Unbehagen in der Kultur 14
Unbewusste, das 53
Understatement 14

Unilever 57
Unsicherheit 47
Unzufriedenheit 24, 48

Warenmarkt 26
Warum-Fragen 65
Warum nicht? 67
Weight Watchers 113

Werbe-Sexismus 114
why not? 148, 150
Wiener Kreis 11, 39, 52, 86, 151
Wiener Schule 12, 52
Wirtschaftspolitische Forschungsstelle 51

Young & Rubicam 57

MANZ – Ihr Verlag für Recht, Steuer und Wirtschaft präsentiert:

Platz 5 der Bestseller-Liste Sachbuch!

Neu!
EUR 24,90
ATS 342,60

„...Buch zur Lebensvorsorge, in dem die wichtigsten Dokumente in übersichtlicher und kompletter Form zusammengefasst sind".
Financial Times

DER NOTAR
ORF

MANZ
Qualität auf allen Seiten

MANZ'sche Verlags- und Universitätsbuchhandlung GmbH, Kohlmarkt 16, 1014 Wien
bestellen@MANZ.at • Tel.: (01) 531 61-100 • Fax: (01) 531 61-455

MANZ – Ihr Verlag für Recht, Steuer und Wirtschaft präsentiert:

FORMAT & MANZ | RATGEBER

Fischmeister/Janko

Steuer sparen 2002

Ihr Ratgeber zur persönlichen Steuer-Minimierung

**Neu!
EUR 18,80
ATS 258,70**

„...mit allen wichtigen Tipps für Ihren persönlichen Steuervorteil!"
Format

MANZ
Qualität auf allen Seiten

MANZ'sche Verlags- und Universitätsbuchhandlung GmbH, Kohlmarkt 16, 1014 Wien
bestellen@MANZ.at • Tel.: (01) 531 61-100 • Fax: (01) 531 61-455